贵州省教育厅青年科技人才成长项目（黔教合 KY 字〔2016〕329）成果
贵州省 2018 年教育科学规划项目省级一般课题（2018B060）成果

贵州少数民族初中生心理韧性品质发展探析

谢玲平　著

西南交通大学出版社
·成　都·

图书在版编目（CIP）数据

贵州少数民族初中生心理韧性品质发展探析 / 谢玲平著. —成都：西南交通大学出版社，2018.8
ISBN 978-7-5643-6400-7

Ⅰ. ①贵⋯ Ⅱ. ①谢⋯ Ⅲ. ①少数民族 – 初中生 – 心理素质 – 素质教育 – 研究 – 贵州 Ⅳ. ①G444

中国版本图书馆 CIP 数据核字（2018）第 206302 号

贵州少数民族初中生心理韧性品质发展探析
谢玲平 著

责任编辑	武雅丽
封面设计	原谋书装
出版发行	西南交通大学出版社 （四川省成都市二环路北一段 111 号 西南交通大学创新大厦 21 楼）
发行部电话	028-87600564 028-87600533
邮政编码	610031
网址	http://www.xnjdcbs.com
印刷	四川煤田地质制图印刷厂
成品尺寸	165 mm × 230 mm
印张	13.25
字数	205 千
版次	2018 年 8 月第 1 版
印次	2018 年 8 月第 1 次
书号	ISBN 978-7-5643-6400-7
定价	68.00 元

图书如有印装质量问题 本社负责退换
版权所有 盗版必究 举报电话：028-87600562

前　言

　　我国的少数民族都具有各自的优秀传统文化和独特的生活习俗，这些传统文化和生活习俗造就了少数民族青少年各种优秀的心理品质。本研究从积极心理学和民族心理学的视角，以质性研究和量化研究相结合的手段与方法对贵州省少数民族初中生的心理韧性这一优秀心理特质进行了调查研究并深入分析其各种影响因素及模型。

　　采取科学的抽样方法，通过对贵州省铜仁市松桃苗族自治县和印江土家族苗族自治县、黔西南布依族苗族自治州、黔南布依族苗族自治州、黔东南苗族侗族自治州多个少数民族自治区域的 568 名有效少数民族初中生被试（其中苗族 254 人，布依族 143 人，侗族 113 人，土家族 53 人，其他少数民族 5 人）进行了问卷调查。在采取科学严谨的统计分析方法对数据进行统计分析并讨论后得到以下结论：

　　一、贵州少数民族初中生心理韧性品质现状：贵州少数民族初中生的心理韧性品质总体上处于中等偏上水平，积极认知方面表现最佳。

　　二、贵州少数民族初中生心理韧性品质的影响因素：性别、家庭经济状况、是否独生子女、学习压力对少数民族初中生的心理韧性品质影响较少。少数民族七年级学生的心理韧性品质最低，九年级学生的心理韧性品质最高，七年级初中生的心理韧性品质显著低于八年级和九年级的学生；父母文化程度低的少数民族初中生的心理韧性品质相对较低；担任班干部的少数民族初中生的心理韧性品质显著高于未担任班干部的初中生；学习成绩好的少数民族初中生的心理韧性品质显著高于成绩较差的初中生心理韧性品质；家庭氛围越好的少数民族初中生的心理韧性品质越高。

　　三、贵州少数民族初中生的社会支持在年级、是否担任班干部、性别、父亲文化程度、家庭氛围、留守情况、与父母关系上均有显著差异。

四、贵州少数民族初中生孤独感在是否担任班干部、学习成绩、学习压力、是否独生子女、家庭经济状况、父母文化程度、留守类型、与父母关系上均有显著差异。

五、贵州少数民族初中生自我效能感在性别、学习成绩、家庭居住地、家庭经济状况、家庭氛围、母亲文化程度、与父母关系状况上均有显著差异。

六、社会支持、自我效能感和孤独感是贵州省少数民族初中生心理韧性品质的重要因素，社会支持能显著正向预测少数民族的心理韧性品质；少数民族初中生的心理韧性品质能显著负向预测其孤独感，而心理韧性品质却是显著正向预测自我效能感，心理韧性品质是少数民族初中生孤独感和自我效能感的重要影响因素。少数民族初中生心理韧性个人力和支持力在社会支持与孤独感之间有中介作用，同时少数民族初中生心理韧性个人力和支持力在社会支持与自我效能感之间也有中介作用。

谢玲平

2018 年 5 月

目 录

第一章　问题提出　/ 001

第二章　研究背景和文献综述　/ 004

　　第一节　心理韧性品质的概念及研究现状　/ 004

　　第二节　孤独感的概念及研究现状　/ 009

　　第三节　自我效能感的概念及研究现状　/ 012

　　第四节　社会支持的概念及研究现状　/ 015

　　第五节　心理韧性与孤独感、自我效能感和社会支持的关系研究　/ 018

第三章　研究程序　/ 022

第四章　贵州少数民族初中生心理韧性品质研究　/ 026

　　第一节　贵州少数民族初中生心理韧性的目标关注研究　/ 026

　　第二节　贵州少数民族初中生心理韧性的情绪控制研究　/ 042

　　第三节　贵州少数民族初中生心理韧性的积极认知研究　/ 057

　　第四节　贵州少数民族初中生心理韧性的家庭支持研究　/ 073

　　第五节　贵州少数民族初中生心理韧性的人际协助研究　/ 089

　　第六节　贵州少数民族初中生心理韧性品质状况　/ 104

　　第七节　贵州少数民族初中生心理韧性品质状况的讨论　/ 116

第五章　贵州少数民族初中生社会支持状况及与心理韧性品质关系　/ 120

　　第一节　贵州少数民族初中生社会支持的基本状况　/ 120

第二节　学校因素对贵州少数民族初中生
　　　　社会支持的影响分析　/122

第三节　家庭因素对贵州少数民族初中生
　　　　社会支持的影响分析　/124

第四节　贵州少数民族初中生心理韧性品质
　　　　与社会支持的关系分析　/131

第五节　贵州少数民族初中生社会支持状况
　　　　及与心理韧性品质的关系讨论　/135

第六章　贵州少数民族初中生孤独感状况
　　　　及与心理韧性品质的研究　/139

第一节　贵州少数民族初中生孤独感的基本状况　/139

第二节　学校因素对贵州少数民族
　　　　初中生孤独感的影响分析　/140

第三节　家庭因素对贵州少数民族
　　　　初中生孤独感的影响分析　/144

第四节　贵州少数民族初中生孤独感
　　　　与心理韧性品质的关系分析　/155

第五节　贵州少数民族初中生心理韧性
　　　　在社会支持与孤独感间的中介作用　/157

第六节　少数民族初中生孤独感的状况
　　　　及与心理韧性品质的关系讨论　/161

第七章　贵州少数民族初中生自我效能感的状况
　　　　及与心理韧性品质的关系研究　/164

第一节　贵州少数民族初中生自我效能感的基本状况　/164

第二节　学校因素对贵州少数民族初中生
　　　　自我效能感的影响分析　/165

第三节　家庭因素对少数民族初中生
自我效能感的影响分析　/169

第四节　贵州少数民族初中生心理韧性
品质与自我效能感的关系分析　/182

第五节　贵州少数民族初中生心理韧性
在社会支持与自我效能感间的中介作用　/184

第六节　贵州少数民族初中生自我效能感的
状况及与心理韧性品质的关系分析　/187

第八章　少数民族初中生心理韧性品质的提高对策　/190

参考文献　/194

附　录　贵州少数民族初中生心理韧性品质状况调查问卷　/199

第一章
问题提出

一、研究目的

通过对贵州不同民族的少数民族初中生进行心理韧性品质、社会支持、孤独感、自我效能感四个方面的问卷调查及深度访谈后，通过定量与定性研究结合的方法深入分析少数民族初中生的心理韧性品质及影响因素模型，即心理韧性与社会支持、孤独感、自我效能感之间的关系，在调研结果的基础上为少数民族青少年的积极心理健康教育提供相关咨询建议对策。

二、研究意义

我国少数民族都具有各自的优秀传统文化和独特的生活习俗，这些传统文化和生活习俗造就了少数民族青少年各种优秀的心理品质。许多少数民族的生活习俗、历史沿革、民族建筑和信仰崇尚等方面都会对少数民族青少年的身心发展产生重要的影响，而这些影响往往是积极优秀的。所以，从积极心理学和民族心理学、少数民族传统文化的视角，以质性研究和量化研究相结合的手段与方法去探讨少数民族初中生的心理韧性品质具有重要价值和意义。

心理健康教育中积极心理健康教育是一面重要旗帜，而中学生积极心理品质的培养是积极心理健康教育的核心内容，以积极的取向去探讨存在于少数民族初中生身上的那些具有民族气质和特殊经历的积极心理品质，特别是对其心理韧性品质的基本状况和影响因素探讨，可以扩展少数民族青少年积极心理健康教育的有力措施，从而可以有效帮助少数民族青少年摆脱不良的心理困扰，促使他们更好地适应学校的学习和生活，并为未来的社会适应奠定基础。

贵州是个多民族的省份，有多个少数民族自治州和自治县，因此从少数民族传统文化和积极心理学相结合的角度去探讨贵州少数民族初中生的心理韧性品质及相关因素模型的研究具有非常重要的意义。

三、研究内容及重点

具体研究内容有以下几个方面：
1. 贵州少数民族初中生的心理韧性品质状况研究；
2. 贵州少数民族初中生心理韧性与社会支持的关系研究；
3. 贵州少数民族初中生心理韧性与孤独感的关系研究；
4. 贵州少数民族初中生心理韧性与自我效能感的关系研究；
5. 贵州少数民族初中生心理韧性的影响机制研究。

四、研究思路

研究的基本思路为，首先，在分析整理以往青少年心理韧性研究的相关文献基础上，精心挑选信效度均较高的心理韧性量表、社会支持量表、儿童孤独感量表、一般自我效能感量表等；其次，将所有量表整合和印刷成清晰明确的调查问卷，向贵州省500名左右少数民族初中生发放问卷调查并当场收回问卷；再次，将问卷结果录入电脑，运用统计分析软件分析数据得出调查结果；最后，根据调查结果撰写论文和研究报告。

五、研究假设

本课题的研究假设主要有：
少数民族初中生心理韧性相关因素之间的关系的假设模型如图1-1。

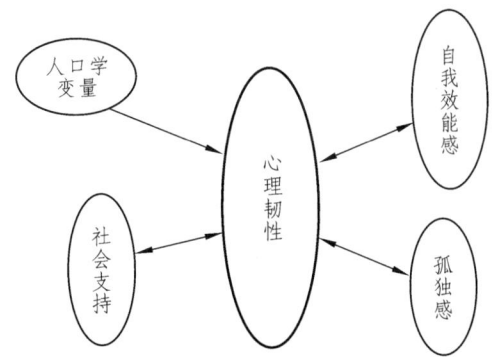

图 1-1　少数民族初中生心理韧性相关因素之间的关系的假设模型

六、核心概念

心理韧性

心理韧性是指有助于个体在遭遇逆境时良好适应的保护性因素，个体自身因素（如自我效能、气质、社会技能等）以及个体外部因素（如家庭或社区的支持）是保护性因素的主要组成部分。

孤独感

孤独感是指个体对交往的渴望与实际水平产生差距时引起的一种主观心理体验，常伴有寂寞、孤立、无助、郁闷等不良情绪反应和难耐的精神空虚感。

自我效能感

自我效能感是其社会认知理论中的核心概念，指人们对自身完成既定行为目标所需的行动过程的组织和执行能力的判断，通常被认为是一个特定领域的概念。

社会支持

社会支持是个体通过一定的社会关系所获得的、并且能够被个体所觉察到的来自重要他人或其他群体的尊重、关爱和帮助。良好的社会支持能够为个体在压力情境时提供及时有效的物质与精神帮助，是个体社会关系数量的体现。

第二章
研究背景和文献综述

第一节 心理韧性品质的概念及研究现状

一、心理韧性的概念

心理韧性（Resilience）意指曾经历或正经历严重压力/逆境的个体，其身心未受到不利处境损伤性影响甚或愈挫弥坚的发展现象（Masten，2001）。诸多大规模研究显示，此现象并非寥寥：儿时曾经经历严重压力/逆境，长大后未出现明显心理社会功能问题者的比例相当可观（Bonanno，2004；席居哲，2012）。心理韧性发展现象挑战了传统心理病理学有关严重压力/逆境对个体心理成长消极影响的因果假定，提示缺陷聚焦模型确有"缺陷"（Goldstein & Brooks，2005）。20世纪80年代，心理韧性作为一个研究领域终被学界广泛认同（Rutter，2000；Werner，2005），随后的探索迅速深化并日渐系统，迄今已掀起了4次浪潮，成为备受关注和热议的研究课题（Masten，2007；席居哲，等，2008）。

心理韧性是由国外引入的概念，国内学者对它有不同的译法，有"复原力"（徐谦，郑日昌，2007）、"心理弹性"（席居哲，桑标，2002；曾守锤，李其维，2003；王滨，罗伟，2007）、"压弹"（刘取芝，吴远，2005）、"韧性"（于肖楠，张建新，2007；李海垒，张文新，2006）。

1. 关于心理韧性含义的几种观点

目前关于心理韧性的含义尚不明确，主要有三种观点。

（1）把心理韧性看成是一个人的能力或品质。持这种观点的人比较多。Connor & Davidson（2003）认为心理韧性是个体所具有的特征，即应对压力、挫折、创伤等消极生活事件的能力。Anthony（2002）把心理韧性定义为是个体从消极经历中恢复过来，并且灵活地适应外界多变环境的能力。Norman（1999）提出心理韧性是一种克服不利环境的能力，纵使每日在复杂的环境下面对一连串的挑战，仍能实际地做出有建设性的生活抉择；后来 Norman（2000）又提出心理韧性是当个人处于不利的情况下有迅速复原或成功的适应的能力。

（2）把心理韧性看作是一个结果。Masten（2001）认为心理韧性指曾经历或正经历严重压力或逆境的个体，其身心未受到不利处境损伤性影响甚至或者愈挫弥坚的发展现象，是个体遭遇逆境后的结果性表现。将复原力描述为处于高危环境中个体积极的、发展性的适应结果（Rutter, 1990）。

（3）把心理韧性看作是一种适应过程。Luthar 等（2000）将心理韧性定义为在重大的灾祸或者是生活压力之下成功适应的过程，将心理韧性既看作是一种功能同时也看作是一种动态适应的过程，它包含了各种危险因素与保护性因素之间复杂的相互作用的过程。Kathleen & Janyce（2005）指出心理韧性表示一系列能力和特征动态交互作用而使个体在遭受重大压力和危险时能迅速恢复和成功应对的过程。

2. 关于心理韧性的操作性的几种观点

心理韧性领域共经历了三次历程（Richardson，2002）：关注特质阶段、关注过程阶段、以干预促成心理韧性阶段。但是有关心理韧性的操作性定义还是众说纷纭，归纳起来，在实证研究中，心理韧性的操作性界定大概有三种观点（李海垒，张文新，2006）：

（1）第一种观点认为，一个人要具有心理弹性，必须符合两个标准。第一，要经历严重危险的打击。如果个体发展过程中从未遇到过严重危险，那么他就不具有心理弹性，具备心理弹性的必要条件是个体在当前或过去经历过使自己的发展偏离正常轨道的危险。Masten & Coatsworth（1998）将危险因素界定为如下三种情况：①长期处于不利的社会环境中，如贫穷、慢性疾病、家庭暴力等；②遭受创伤性事件或严重灾难，如离婚、车祸、战争、地震等；③以上两种情况的结合。第二，个体遭受打击后发展仍然良好。把这个方面作为判定一个人是否具有心理弹性的标准之一,研究者没有任何争论,但对以什么标准并由谁来定义发展良好却争论颇多(Luthar,Cicchetti,Becker,2000)。许多发展心理学家按照社会或文化对儿童行为方面的期望来界定,只要儿童的发展符合这些期望,就被认为发展良好。这些期望包括在毕生发展理论中所描述的突出发展任务、相应的能力标准及文化上的年龄期望等(Masten & Coatsworth,1998;Elder,1998)。然而,另外一些研究者,特别是从事心理病理学和药物滥用预防工作的研究者,不是以学业或社会成就的高低为标准,而是以心理病理症状的有无或多少作为评价是否发展良好的标准(Tiet,Bird,Davies,etal,1998)。还有一些研究者把两类标准相结合,用以评价是否发展良好(Greenberg,Lengua,Coie,etal,1999)。按照这种观点,心理弹性不是在人群中普遍存在的,而是只有少数人才具有的。换句话说,虽然每个人都可能发展良好,但并不是每个人都具备心理弹性。

(2)第二种观点事先有一个假设,就是每个人的生活都危机四伏。在这种假设的前提下,只要个体能良好发展,就被认为具有心理弹性。其实这种观点与第一种观点相似,也包含有两个标准,即危险打击和良好发展,只是其中一个标准已经被泛化。这种观点有一个明显的缺点,就是没有区分各种危险因素的种类,未考虑各种人群之间的差异性。另外,这种观点其实已经将心理弹性等同于良好发展,按照此种逻辑,心理弹性这个概念根本没有存在的必要,它只是良好发展的另一种说法而已。

(3)第三种观点没有将危险因素的存在作为评价心理弹性的先决条件,而是将重点放在心理弹性的保护性因素(protective factor)方面,这些保护性因素指能够提高个体心理弹性的个体特征和环境因素。如果保护性因素发展良好,就被认为心理弹性高。这种观点认为每个人都具有心理弹性,只是程度上的高低不同而已。这种观点关注个体内在因素与外部因素的发展,以便遇到危险或灾害时个体能成功应对,保持良好的心理适应。这种观点与第一种观点的最大区别在于,第一种观点是通过个体遇到危险后心理适应的结果来确定心理弹性的,而此观点带有一种预测性,即个体还未遇到危险之前,我们就能对其心理适应水平做出评价。应该说,这种观点与第一种观点是有联系的。首先,基于第一种观点的实证研究确定出具有心理弹性的个体,通过与非心理弹性组的比较,可以找出心理弹性的保护性因素;然后可以通过考察这些保护性因素来衡量个体心理弹性的高低。这种观点重视心理社会、情绪、学业等多个领域的健康心理机能,认为一些普遍的保护性因素对个体的成功非常重要,如与积极、有爱心的成人保持亲密关系(Luthar, Cicchetti, Becker, 2000)及其他一些技能和态度(Roth & Brooks Gunn, 2000),如问题解决、人际交往、自我效能、自信、乐观等。

现在大都是采用第三种操作观点,认为心理韧性是有助于个体在遭遇逆境时良好适应的保护性因素,个体自身因素(如自我效能、气质、社会技能等)以及个体外部因素(如家庭或社区的支持)是保护性因素的主要组成部分(骆鹏程,2007;胡会丽,2009)。

二、心理韧性的相关研究状况

席居哲、左志宏和WU Wei(2012)提出心理韧性研究自发轫至今出现了若干可供遵循的进路,主要有:以人为中心模型、以变量为中心模型、时间路径模型和因素-过程模型等。以人为中心进路围绕"人"开展研究,将甄别出的心理弹性者与非弹性者及未经历严重压力/逆境者进行比较,尝试理解心理韧性的由来。以变量为中心进路则聚焦于压力/危险逆境指标、心理韧性相关因子及心理社会发展功能指标,经由分析这些变量的关系以探寻和推测心理韧性发展的机制。时间路径进路专注于时间进程,追踪研究对象在严重压力/逆境开始前后到相当长一段时期心理社会功能变化过程特点,以解读人类压力/逆境适应系统的运作特征及其功能差异,推断心理韧性发展的过程及机制。因素-过程整合进路则以生态系统理论为指导,兼顾因素与过程,尝试提供一个更具研究指导性的心理韧性整合模型和一套机制解释策略基准框架(Masten, 2011; Rutter, 2012)。诸心理韧性研究进路各有侧重,互有长短,研究者对之了然于心将有助于选择适切的研究设计与分析策略,取长避短,从而提高研究揭示效力。

从积极心理学角度出发,心理韧性是指一种使个体在逆境中恢复调整和适应的能力,寻找和发展保护性因素会使个体提高心理韧性即提高其适应和对抗逆境的能力，降低其心理问题发生概率，从而维持健康心理（席居哲，桑标，左志宏，2008）。留守儿童一直是心理学工作者的重点关注对象，留守儿童的心理健康状况更是研究的焦点。随着农村外出务工人员的增加，留守儿童群体出现日趋扩大的态势，心理韧性对保护他们的身心健康尤其重要（李海垒，张文新，2008）。李永鑫、骆鹏程和谭亚梅（2008）通过修订国外心理弹性量表（Block & Kremen，1996），寻找影响留守儿童良好适应的心理韧性方面的保护性因素，包括对留守儿童品行问题倾向的保护性机制（徐贤明，钱胜，2012），以达到让他们都能从挖掘和提高与这些因素相关的方面来提高自身适应能力的目的。

近年有具体的留守儿童心理韧性调查（葛秀杰，2009），也有留守儿童心理韧性影响因素的研究（葛秀杰，李春玉，2013；张海芹，2011），还有留守儿童心理韧性与心理安全感（徐礼平，田宗远，邝宏达，2013）、领悟社会支持（牛英，2014）的关系研究，以及专门研究留守初中生心理韧性与社会支持的关系（陈友庆，张瑞，2013）。随着研究的细致和深入，发现留守初中生心理韧性的建构能帮助他们积极主动地适应。

三、青少年心理韧性相关研究文献综述

目前国内外对青少年的心理韧性研究已经较深入，国内学者胡月琴和甘怡群最早编制了本土化的《青少年心理韧性量表》（2007），有目标专注、情绪控制、积极认知、家庭支持和人际协助共五个方面的维度，该量表在国内得到了广泛的应用。李义安等探讨得到高中生的心理韧性处于中等偏上水平；高中生的心理韧性与主观幸福感存在显著正相关，与心理健康存在显著负相关；高中生的心理韧性既直接影响主观幸福感和心理健康，又通过主观幸福感的中介作用间接影响心理健康（李义安，张金秀，2011）。

心理韧性的研究是从积极心理学角度对个体的心理品质进行探讨的，因此国内许多学者也从积极心理学的视角对留守儿童和流动儿童的心理韧性状况进行了深度探讨研究。李永鑫等的研究得到父母外出情况不同的留守儿童在心理韧性方面存在极其显著的差异；父母在外时间不

同的留守儿童在心理韧性上存在极其显著的差异；与父母团聚频率不同的留守儿童在心理韧性方面存在极其显著的差异，其心理韧性有随着与父母团聚频率的降低而降低的趋势；照看人不同的留守儿童在心理韧性方面存在非常显著的差异，照看人为母亲的留守儿童心理韧性最高，照看人为爷爷、奶奶等亲戚的留守儿童次之，照看人为父亲的留守儿童最低。王中会等对685名流动儿童心理韧性特点及对抑郁、孤独影响进行的调查研究结果发现，流动儿童抑郁和孤独情绪在心理韧性高、中、低三个类型方面存在显著的差异，心理韧性高的流动儿童消极情绪低于心理韧性低的流动儿童，而积极情绪高于心理韧性低的流动儿童。流动儿童心理韧性比其个人、家庭、学校因素对抑郁和孤独的预测能力更强，在控制了这些因素之后，心理韧性仍然能够显著地预测其抑郁和孤独感（王中会，Gening Jin，蔺秀云，2014）。

综述以往的研究来看，目前对青少年心理韧性的研究已经比较成熟，同时从积极心理学的角度探讨留守儿童和流动儿童心理韧性的研究也已经开始深入，但对少数民族青少年心理韧性品质的研究还非常少。因此对少数民族青少年的心理韧性进行探讨非常有必要。

第二节 孤独感的概念及研究现状

一、孤独感的概念

孤独感是人类普遍的情绪体验，近年来国内外非常重视对大学生孤独感的研究。孤独是个体对交往的渴望与实际水平产生差距时引起的一种主观心理体验，常伴有寂寞、孤立、无助、郁闷等不良情绪反应和难耐的精神空虚感（邓丽芳，徐慊，郑日昌，2006）。而国外不同的学者对于孤独也有不同的理解，Weiss最早提出孤独这一概念，其认为孤独感是当个体感到缺乏令人满意的人际关系，自己对交往的渴望与交际的交往水平产生差距时的一种主观心理感受或体验（Weiss，1973），并且Weiss后来又指出，当人际关系网络出现某种质或量的重要缺陷时，人们所产生的不愉快感即为孤独感（Weiss，1987）。Periman 和 Peplau（1981）认为孤独感是指个体在社会关系网络不足时的不快乐的体验，包括社会关系在数量上和质量上的低下，并且他们还提出了孤独感的三个重要特征：第一，孤独感源自人际关系缺陷；第二，孤独感是一种主观体验或心理感受；第三，孤独感体验是不愉快的，令人痛苦的。Peplau 与 Russal（1978，1996）对孤独进行了系统研究，并创制了在国内外广泛采用的测量工具UCLA 孤独感量表，且对孤独进行了理论上的系统研究分析。对于孤独感的类型与结构国内外学者有不同的分类，Weiss（1973）将孤独分为情绪孤独感和社会孤独感两类；Young 和 Beck（1979）将孤独感区分为长期孤独、情境性孤独和暂时性孤独；Garson 和 Perlman（1979）以及 Shaver（1985）认为孤独既可以为短期的、一时性的、境遇性的，也可以是长期性的或特质性的。国内学者李艺敏（2006）和蒋艳菊（2005）对大学生的孤独感结构进行了研究，他们将孤独感分为社会孤独感、人际孤独感、自我孤独感和发展孤独感几个方面。

二、孤独感的相关研究

国内已有许多学者对孤独感进行了各种关系探讨，并得到孤独感受各种人口变量学信息的影响，以及孤独感与手机成瘾、网络成瘾、宿舍亲密度、适应性、自我概念、自尊、人际信任、社会支持、父母教养方式、应对策略、社交能力和气质类型等多方面的关系进行了探讨。衡书鹏（2012）对大学生社交焦虑、情绪智力与孤独感的关系研究得到与一般社交焦虑相比，交流焦虑和孤独感的相关度更高；王贺立（2011）研究得到高中生自尊和孤独感对社交焦虑都有显著的预测作用；陈熙维（2011）在大学生社会支持、社交焦虑与孤独感间的关系得到孤独感与社交焦虑呈显著正相关；胡宁和方晓义（2009）等的研究得到流动儿童存在较高的社交焦虑和孤独感水平，且社交焦虑能够显著预测孤独感；张瑾（2008）研究得到孤独感得分与社交焦虑得分呈显著正相关。

杨巧芳（2013）的研究得到青少年的孤独感存在年级、城乡、是否独生子女差异，不存在性别差异，亲子依恋能负向预测孤独感，其中亲子信任、亲子疏离作用较强；情绪智力对孤独感也具有预测作用，情绪运用和情绪管理预测力较大；同时情绪智力在亲子依恋与孤独感之间起部分中介作用。田录梅等（2012）以391名初一（青少年早期）和高一（青少年中期）学生为被试者，探讨了父母支持、友谊支持对孤独感和抑郁的影响模式，结果表明：友谊支持是预测孤独感的更好指标，父母支持和友谊支持仅对早期青少年孤独感和抑郁的影响存在显著交互作用，但作用模式不同：父母支持可增强高友谊支持对降低青少年孤独感的作用（增强模式），而友谊支持可补偿低父母支持对降低青少年孤独感的作用（补偿模式），两种支持系统可相互增强对方对降低青少年抑郁水平的效应（相互增强模式）。王明忠，付聪，周宗奎等（2015）调查458名高中生得到，"大五"人格与青少年孤独感关系紧密，神经质与青少年孤独感呈显著正相关，其他人格维度与孤独感呈显著负相关，外向性、宜人性和神经质是孤独感的有力预测变量；亲子依恋和同伴依恋均显著负向预测青少年孤独感，且同伴依恋的预测效力更强；在不同人格维度与青少年孤独感之间，亲子依恋和同伴依恋的总体中介效应不同，而在同一人格维度与青少年孤独感之间，同伴依恋的中介效应显著高于亲子依恋的中介效应。许颖、林丹华（2015）以599名青少年为被试，通过问卷调查的方式发现家庭压力对青少年的孤独感的预测作用显著，家庭弹性对直接预测青少年的孤独感具有补偿作用；家庭弹性在家庭压力与青少年孤独之间存在保护性的调节作用。徐欢欢等（2017）对武汉市529名在校初、高中生进行调查，结果发现自我概念清晰性与孤独感呈显著负相关，而社交网站真实自我表达与孤独感呈显著正相关，社交网站真实自我表达通过自我概念清晰性的中介作用对孤独感产生影响。张晓洲等（2015）对福州市412名高中生进行调查结果得到高中生的学校孤独感存在显著的维度差异，高中生学校孤独感在社交需要未满足上存在显著的性别差异，男生高于女生；高中生的友谊质量可以直接负向预测学校孤独感，高中生自我概念在友谊质量与学校孤独感之间起部分中介作用。

第三节　自我效能感的概念及研究现状

一、自我效能感的界定与分类

自我效能感（Self-efficacy）最早由美国心理学家 Bandura（1997）提出，是其社会认知理论中的核心概念，指人们对自身完成既定行为目标所需的行动过程的组织和执行能力的判断，通常被认为是一个特定领域的概念。Bandura 曾根据活动、任务、情境的具体性将自我效能区分为三种层次：① 具体任务自我效能感，指的是对具体任务中的行为的自我效能；② 领域效能感，指的是对可界定的整个任务领域内的行为的效能；③ 一般自我效能感，指的是对应付生活中多个领域中的问题的自信心。随着对自我效能感研究的深入，有些研究者认为自我效能感既可以看作是状态的，也可以看作是特质的，即存在着一种概括化的自我效能感，或称为一般自我效能感（general self-efficacy）。Judge（2001）认为，概括化的自我效能感是个体对自己能否应对、执行和能否成功的基本能力的评估，是个体对各种情境能否有效处理的信心判断。Schwarzer（1997）认为，一般自我效能感是指个体应对不同环境的需求或面临新环境时的一种总体性的自信心。

李慧芬（2008）概括出一般自我效能感具有三层含义：① 一般自我效能感不是针对某一具体活动领域的信心知觉，与特殊领域的自我效能感不同，它可以预测个体在不同情境下的行为。它所指向的是一种有效的应付各种有压力的情境时所拥有的更广泛更稳定的个人能力胜任感。② 一般自我效能感是个体对自身能否应对不同环境需求的预期，产生于活动发生之前。③ 一般自我效能感是个体对自己应对挑战性环境的能力的主观判断，而不是指行为本身或能力本身。简而言之，它不是和你所具有的技能多少有关，而是与你相信在各种不同情况下，你能做什么有关。

马丽娟（2012）认为对自我效能感的理解要把握以下三点：① 自我效能感是一个与能力有关的概念，它的本质是个体对自己能力的主观感知，而不是能力本身。② 自我效能感指向未来，它不是对已发生的事件的原因追溯，而是对未来行为的自信。③自我效能感是动态发展的，通常它保持稳定，需要不断对其做动态考察。总之自我效能感是指个体对自己能否实现某目标的自信程度。

Bandura（1997）关注到自我效能感的概念在社交情境中的特殊化。Smith和Betz（2002）正式明确界定了社会自我效能感（Social Self-Efficacy）概念，用来表征社交情境中的自我效能感，即人们对自己人际能力的判断和信念，它监控着个体人际行为的发生和发展，影响个体面对社交情境时对其人际能力的发展和应用，也影响个体对互动策略的选择，进而影响互动质量和社交活动的成功。

Bandura（1982）认为影响自我效能感的主要因素有以下四类：①个体自身行为的成败经验即直接经验：成功经验会提高自我效能感，反复的失败会降低自我效能感；不过成功经验对自我效能感的影响还受到归因方式的左右。②替代性经验：人的许多效能期待源于观察他人的替代经验，其中一个关键点是观察者与榜样的一致性。当观察到榜样成功完成某种任务时，观察者就会对自己的能力有同样的判断，从而提高自我效能感。③言语的说服：主要是指通过言语的鼓励降低个体对事件的忧虑，增加成功完成事件的信心。④情绪唤醒：班杜拉在研究中发现，高水平的唤醒使成绩降低而影响自我效能感，因此个体不同的情绪状态会影响其自我效能感。上述四种因素常常在个体的认知评价基础上综合起来发挥作用，对不同的个体产生不同的影响，而且个体在生长发展的每个阶段都必须应对环境中的许多新要求，不断接受各方面的挑战，在不同情况下个体就会不断地重新评估和修正自我效能感。

自我效能感对个体有着积极作用，陈琦和刘儒德（2007）将自我效能感的功能归结为四个方面：①影响个体对任务类型的选择和对任务的坚持程度；②影响人们在困难面前的态度；③影响新行为的获得和习得行为的表现；④影响活动时的情绪。

最近的一项有关护理专业大学生的自我效能感水平与心理运动技能的关系研究表明，人格特质与自我效能感无关，给他们教授心理运动技能之后，这种技能对所有大学生的自我效能感都有影响（Karabacak,etal,2013）。

因此自我效能感是人类行为操作中的一种强大力量，影响着个体的思维习惯与行为模式，在控制和调节行为方面有着不可估量的力量。

二、自我效能感的相关研究

褚晓伟等（2016）对485名初中生进行调查发现社会自我效能感在传统受欺负、网络受欺负和社交焦虑之间起部分中介作用。

徐双媛等（2016）整群随机抽取880名初中生进行问卷调查，结果得到初中生学业负担态度、情绪调节自我效能感各维度及总分与学校满意度总分之间均呈正相关，学业负担态度对情绪调节自我效能感的预测作用有统计学意义，情绪调节自我效能感在学业负担态度与学校满意度之间存在部分中介效应。陈秋珠（2016）以学业拖延问卷和学业自我效能感量表为研究工具对随机整群抽取出的459名初中生进行了调查研究，结果发现初中生学业行为自我效能感优于学业能力自我效能感，学业拖延越高学业自我效能感越低，学业能力自我效能感受执行不足和计划缺乏影响，学业行为自我效能感受学业拖延4个因子影响。王韵博（2016）研究得到初中生的一般自我效能感与消极情感显著负相关，一般自我效能感对消极情感有直接的负向预测作用，一般自我效能感与总体幸福感呈显著正相关，一般自我效能感也能通过消极情感间接地影响学生总体幸福感。李鑫情（2016）以班杜拉的自我效能感和罗洛梅的人本主义的焦虑理论为基础，采用量化研究方法研究得到陕北地区高中生英语自我效能感处于一般水平，自我效能感与考试焦虑呈负相关，自我效能感与考试成绩呈正相关，自我效能感可以预测考试焦虑。

叶艳晖、李秋琼（2015）对整群抽取的广东省6所中学573名学生进行问卷调查，结果发现青少年网络成瘾与自我效能感呈负相关，自我效能感在同伴关系与网络成瘾间起部分中介作用。胡炳政（2015）的研究结果显示，自我接纳、一般自我效能感共同解释了考试焦虑总变异的14.8%，其中自我接纳的解释力约占86%，而一般自我效能感的解释力占14%左右。

沈永江、姜冬梅、石雷山（2014）采用学习投入、学业自我效能、班级集体效能量表，选取109个班级2 337名初中生作为被试，运用多层线性模型（HLM）进行多水平分析，发现在控制性别与年级的影响后，在学生水平上，学生的学业自我效能越高，学习越为投入；在班级水平上，班级集体效能越高，学生在学习上的投入也越多；个体水平上的学业自我效能对学习投入的预测作用要大于群体水平上的班级集体效能对学习投入的影响，多层线性模型分析表明班级集体效能和学业自我效能对学习投入具有显著的正向影响。

第四节 社会支持的概念及研究现状

一、社会支持的概念

社会支持（social support）一词最早出现于一篇关于精神病学的研究报告，研究发现在压力情境下，不同的个体反应不同，那些可以获得更多社会支持的个体在面对压力情境时其紧张情绪可以得到缓解，因而对自己有足够的信心，能够冷静应对；而社会支持较为缺乏的个体面对困境时则会感到孤立无援，从而悲观绝望，容易被困境打败。有研究认为，良好的社会支持能够抑制个体面对困境时的不良反应，对于处在压力情境下的个体具有缓冲作用，有利于身心健康。科恩（Cohen）认为社会支持对压力情境的缓解作用发挥在如下两个方面：一是，个体感受到的社会支持，这一支持可以帮助个体缓解紧张情绪，以更加客观冷静的状态去面对困难。二是，从社会支持中所获得的建设性建议，通常我们认为，压力情绪的产生源于压力情境，而当情境发生改变时，个体的情绪状态也会发生相应的改变。所以，建设性的建议对困境中的个体来说尤为重要。

早期的研究者认为，社会支持是个体从他人处所获得的实际帮助。个体可以借助社会支持网络的帮助来处理自己在日常生活或工作中所遇到的难题和危机（乔纳森·特内，2006）。同时，社会支持也有利于个体身心健康。研究者认为，当个体面对压力与困境时，良好的社会支持系统能够帮助个体有效地放松情绪，以更加积极的态度来解决日常工作与学习中的问题，从而避免出现严重的身心疾病。

综上，可将社会支持概括为是个体通过一定的社会关系所获得的、并且能够被个体所觉察到的来自重要他人或其他群体的尊重、关爱和帮助。良好的社会支持能够为个体在压力情境时提供及时有效的物质与精神帮助，是个体社会关系数量的体现（边玉芳，2013）。

关于社会支持的内容，学者们有着不同的分类，目前还没有绝对的统一标准。肖水源认为社会支持包含客观支持、主观支持和个体的支持利用率。其中，客观支持即个体所能得到的实际支持，包括物质与金钱等。主观支持即个体所能感受到的支持，支持利用率即个体对所能得到的社会支持的主动利用情况。豪斯（House）对社会支持分为帮助、情感支持、信息共享和工具性支持；巴雷拉（Barrera）等人则认为，社会支持分为提供支持、社会嵌入和感受等支持，具体可分为：① 物质支持，如金钱或其他物质方面的帮助；② 交往行为，同伴之间信息的交流与情感的表达；③ 行为援助，如帮助其分担部分工作；④ 社会交往，如个体积极参与社会活动，与其他社会成员的娱乐与相处；⑤ 指导，指针对个体行为、感受等的反馈性信息等。

二、青少年社会支持的相关研究

郭雯婧，边玉芳（2013）对杭州市 2 519 名初二学生进行调查表明，相比父母和教师的支持，对于初二学生来讲，同伴支持对其学习成绩的影响更大；学业自我概念在社会支持与学习成绩间起中介作用；学业自我概念在社会支持与学习成绩之间的中介作用存在性别差异，对于男生群体，学业自我概念起完全中介作用；对于女生群体，起部分中介作用。高丙成、刘儒德等（2011）利用潜在剖面分析法和辨别分析法对 345 名初中生社会支持进行分类，利用相关分析法和方差分析法探讨不同社会支持类型初中生的特点及其与自我效能感、焦虑的关系。结果表明初中生社会支持分为亲密无间型、若即若离型和家庭疏远型三种；亲密无间型初中生的社会支持最高，家庭疏远型的社会支持尤其是家庭支持最低，而若即若离型的社会支持处于亲密无间型和家庭疏远型之间；社会支持与自我效能感显著正相关,而与焦虑显著负相关;不同社会支持类型初中生的自我效能感、焦虑差异显著,社会支持类型对自我效能感、焦虑有影响。陈迪(2014)研究得出,初中生社会支持得分普遍较高,并且初中生社会支持在性别、年级和是否是独生子女三个方面的差异都没有达到显著水平。从趋势看,随着年级的升高,社会支持有逐渐下降的趋势;初中生社会支持、自尊和主观幸福感三者之间呈显著正相关,自尊在社会支持与主观幸福感之间起着部分中介作用,社会支持可以直接预测主观幸福感,也可以通过自尊间接预测主观幸福感。贾继超等(2014)调查研究发现农村初中生自尊、社会支持总分及其三个维度与生活满意度、积极情感呈显著的正相关,与消极情感呈显著的负相关,自尊在社会支持与生活满意度、积极情感、消极情感之间均起部分中介作用。

杨颖、鲁小周、蔡林(2016)以青少年社会支持量表测查695名贵州省农村初中生,其中留守生379名,结果提示留守初中生的社会支持总体上不高且显著低于非留守者;不同性别、年级、家庭经济状况、学习成绩、留守类型留守初中生的社会支持水平存在显著差异。陈雪婷、喻承甫、李钊颖(2016)研究得到初中女生的社会支持水平显著高于男生,初中生感戴、社会支持与自我和谐三者之间均存在显著正相关,社会支持在感戴与自我和谐间起到了部分中介作用;并且作者认为,学校、教师和家长可以通过感戴教育提供必要社会支持,帮助青少年建立良好的社会关系;家校合作,应遵循青少年发展特点,提供针对性的社会支持。杨通华等(2016)研究得到留守儿童的心理健康受到人格特质和社会支持的双重影响,社会支持对心理健康有显著的负向回归预测效应,并且社会支持可以完善人格特质,从而对心理健康发生作用,增加社会支持可以改善人格特质增进心理健康。管佩钰等(2016)采用分层整群随机抽样的方法,选取重庆市3个区县6所中学的2 084名学生进行青少年心理亚健康评定问卷和社会支持评定量表调查,结果发现在社会支持方面,女生3个维度及总得分均高于男生,初中生3个维度及总得分均高于高中生;在社会支持总分方面,经济较好地区学生得分高于经济较差地区学生,在客观支持方面,经济较好地区学生得分和经济中等地区学生得分均高于经济较差地区学生得分,在对支持的利用度方面,经济较好地区学生得分高于经济中等地区学生得分和经济较差地区学生得分。社会主观支持和对支持的利用度对中学生心理亚健康状态有积极的促进作用，社会支持对重庆市中学生心理亚健康有重要影响。

漏蒙雅等（2015）分析流动儿童与本地儿童社会支持状况的差异，探索影响流动儿童社会支持的主要因素，发现流动儿童的社会支持总分、主观支持、客观支持度以及支持利用度均低于本地儿童；女生流动儿童的主观支持、社会支持利用度高于男生，初中生的社会主观支持和客观支持得分均高于小学生，不同学习成绩水平的支持利用度得分比较差异有统计学意义；多因素分析表明，影响流动儿童主观支持的因素是年级，影响客观支持的因素是年级、自评学习成绩，影响支持利用度的因素是性别、年级和自评学习成绩。刘小群等（2015）探讨受欺负行为、社会支持与自杀意念的关系表明，家庭支持和朋友支持与自杀意念均呈负相关，社会支持对自杀意念有负向预测性，朋友支持与受欺负的交互项对男、女生自杀意念均有负向预测性，家庭支持与受欺负的交互项对男生自杀意念有负向预测性；社会支持（特别是朋友支持）能有效缓解初中生受欺负事件与自杀意念的关系，对于初中男生来说，家庭支持仍是其缓解受欺负压力的有效资源。

第五节 心理韧性与孤独感、自我效能感和社会支持的关系研究

一、心理韧性与孤独感的相关研究

罗小芳、王强、齐娜娜（2014）对765名初中生施测结果发现初中生孤独感与心理韧性各个维度及总分均存在显著的负相关，心理韧性个人力方面（目标专注、情绪控制、积极认知）能显著负向预测初中生的孤独程度，其中情绪控制对孤独感的预测力最高，心理韧性支持力方面（家庭支持、人际协助）也能显著负向预测初中生的孤独程度，其中人际协助对孤独感的预测力最高，心理韧性可能是影响初中生孤独感的重要

因素。谷传华（2015）选取658位农村中学生（368位留守中学生和290名非留守中学生）调查发现，积极应对在农村留守中学生心理韧性与孤独感之间起部分中介作用，在人际信任和孤独感之间起部分中介作用，农村留守中学生的心理韧性会通过积极应对方式降低孤独感。年晶、刘爱书（2009）研究发现心理韧性负向预测儿童的孤独程度，在孤独程度上，心理韧性高忽视阳性组的儿童显著低于心理韧性低忽视阳性组的儿童，心理韧性低忽视阴性组的儿童显著低于心理韧性低忽视阳性组的儿童，被忽视使儿童产生孤独感而心理韧性可能起到保护作用。王中会等（2014）对685名流动儿童心理韧性特点及对抑郁、孤独影响进行研究发现，流动儿童心理韧性比其个人、家庭、学校因素对抑郁和孤独的预测能力更强，在控制了这些因素之后，心理韧性仍然能够显著地预测其孤独感。

董泽松、张大均（2013）抽取云南大理白族自治州2个县4所乡镇中学1345名学生（其中留守儿童713名）进行问卷调查，结果表明少数民族地区留守儿童心理弹性各因子与孤独感均存在显著负相关，心理弹性的情绪控制、积极认知、家庭支持维度是留守儿童孤独感的重要影响因素，促进少数民族地区留守儿童心理弹性的发展是提升心理健康水平的重要内容。

刘洋、祖母拉提、葩俪泽（2014）对新疆喀什地区2248名小学生（其中924名为留守儿童）进行调查发现，维吾尔族留守儿童心理弹性各因子及总分与孤独感均存在负相关关系，多元线性回归分析显示维吾尔族留守儿童心理弹性因子中情绪控制、积极认识和家庭支持能显著预测儿童的孤独感，新疆维吾尔族留守儿童心理弹性与孤独感存在密切联系，改善儿童的心理弹性将有助于心理健康水平的提高。

二、心理韧性与自我效能感的相关研究

关于自我效能感与心理韧性的关系，有许多研究是从特殊群体，如医学生（李妮娜，2011）、离异家庭高职生（江瑞辰，2013）、胃肠癌患者（钟杏，2013）、高等职业贫困生（袁雯雯，2014）、乳腺癌患者（张婷等，2015）、农民工随迁子女（张峰等，2016）来进行检测发现，这些

群体的自我效能感均与心理韧性有显著相关，且自我效能感能够显著预测心理韧性。还有从初中生这一群体进行研究发现自我效能感也能显著预测心理韧性（刘明兰，陈旭，2015；张丽霞，2012）。搜索自我效能感与心理弹性的研究发现，有研究把自我效能感作为初中生心理弹性的内部结构维度（杨柳，2009）；自我效能对青少年情绪弹性产生显著的预测效应（张敏，卢家楣，2011）。另外，有研究发现一般自我效能感是心理弹性的一个重要保护性因素，通过对留守初中生一般自我效能感的训练（胡会丽，2009）或者是团体辅导干预（王亚琳，2014），他们的心理弹性会有所提高。还有针对留守儿童的具体研究得出自我效能感对留守儿童心理弹性有显著预测作用。如谢玲平等（2014）研究得到自我效能感、心理韧性和社会适应各维度之间均存在显著相关，且自我效能感和心理韧性都能显著地正向预测社会适应；留守初中生心理韧性的个人力在自我效能感与社会适应之间起部分中介作用，中介效应占总效应的33.5%；留守初中生心理韧性的支持力在自我效能感与社会适应之间起着部分中介作用，中介效应占总效应的10.1%。

三、心理韧性与社会支持的相关研究

马文燕、余洋（2016）对贵州省6所中学的762名农村留守中学生进行调查研究表明社会支持、自尊和心理韧性有正相关关系，自尊在社会支持与心理韧性之间起部分中介效应。苑杰等（2016）研究得到初中生心理韧性得分均与领悟社会支持各分量表得分呈显著相关，家庭内支持对心理韧性有显著的预测作用，使其领悟到更多的家庭内支持能有效提高其心理韧性水平。宋潮、麻超、张怡萱（2016）选取新疆维吾尔自治区石河子市流动儿童500人的调查结果表明，应对倾向在心理韧性与社会支持之间起部分中介作用。韩秋念、廖全明（2015）为了解流动儿童的心理韧性现状及心理社会影响因素的研究发现，心理韧性与社会智力和社会支持正相关且非常显著，父亲支持可正向预测心理韧性，流动儿童的心理韧性水平有待提高，可从移情、社会焦虑和父亲支持方面予以提升。赵燕、张翔等（2014）对流动儿童的调查研究结果得到心理韧

性在社会支持与孤独之间具有调节作用，社会支持对孤独的影响在心理韧性的不同水平上存在显著差异，流动儿童的社会支持主要通过心理韧性间接影响抑郁，社会支持既可以对孤独产生直接的影响，也可以通过心理韧性间接影响孤独，心理韧性增强了社会支持对抑郁和孤独的负向影响，对流动儿童的心理健康起到了保护作用。聂衍刚等（2015）对1 003名青少年学生研究表明，青少年社会支持与心理弹性显著相关，社会支持对心理弹性具有显著的预测作用，社会支持在人际和谐与心理弹性间起部分中介效应作用。肖梦洁（2015）研究得到母亲是留守儿童最重要的社会支持源，与父母联系频率高的留守儿童的心理弹性比与父母联系频率低的好，留守儿童的社会支持能正向预测心理弹性，留守儿童的心理弹性在其社会支持和积极适应之间起部分中介作用，其社会支持不仅能直接影响其积极适应，还能通过其心理弹性间接作用于其积极适应。宋广文等（2014）为探讨学优生、学困生心理健康的影响机制研究表明学优生、学困生的社会支持、心理弹性和心理健康均存在显著性差异，学优生和学困生的社会支持水平与心理弹性存在显著正相关，学优生、学困生社会支持对心理弹性有直接影响，社会支持则通过心理弹性间接影响心理健康状况。

第三章
研究程序

一、研究设计

通过深入的问卷调查和文献资料分析，综合运用教育学、心理学等学科理论与方法，在对贵州少数民族初中生心理韧性品质现状调查的基础上，重点探讨贵州少数民族初中生心理韧性品质与孤独感、自我效能感、社会支持等因素的关系，并提出相应的对策建议，供教育部门进行决策参考。本课题具体实施的研究设计如图3-1所示。

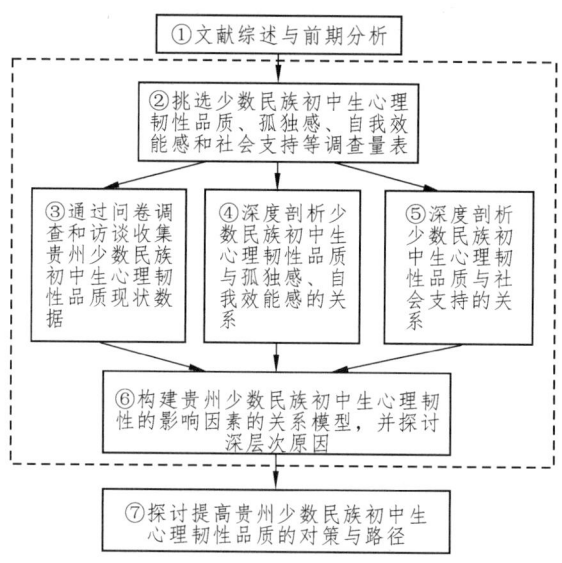

图 3-1　贵州少数民族初中生心理韧性品质的研究设计

二、研究对象

本研究在贵州省的铜仁市松桃苗族自治县和印江土家族苗族自治县、黔西南布依族苗族自治州、黔南布依族苗族自治州、黔东南苗族侗族自治州的中学共发放问卷600份，经过筛选得到少数民族被试有效问卷568份，有效率为94.7%。其中苗族254人，布依族143人，侗族113人，土家族53人，其他少数民族5人。被试样本的具体结构如表3-1所示。

表3-1 贵州少数民族初中生心理韧性品质调查被试分布情况

	类别	人数	百分比（%）
性别	男	283	49.8
	女	285	50.2
年级	七年级	148	26.1
	八年级	264	46.4
	九年级	156	27.5
合计		568	

三、研究工具

（1）少数民族初中生一般情况调查表

自编的少数民族初中生一般情况调查表，包括性别、年级、民族、年龄、是否独生子女、是否担任班干部、家庭居住地、家庭经济状况、父母外出情况、父母亲文化程度、学习成绩、与父母亲关系、家庭氛围、学习压力等。

（2）青少年心理韧性量表

采用由胡月琴和甘怡群（2008）编制的青少年心理韧性量表，包括27个项目，采用Likert 5点计分法，从完全不符合到完全符合分别计1~5分。主要有个人力和支持力两个方面，其中个人力包括目标专注、情绪控制和积极认知三个维度，支持力包括家庭支持和人际协助两个维度，总量表的内部一致性α信度系数为0.85，复测信度为0.83。本研究中该量表调查的内部一致性α信度系数为0.728。

（3）儿童孤独感量表

儿童孤独感量表（Children's Loneliness Scale，简称 CLS），由 Asher，Hymel 和 Renshaw 于 1984 年编制，是用来评定儿童的孤独感与社会不满程度的量表。该量表有 24 个项目，其中 16 个条目评定孤独感、社会适应与不适应感以及对自己在同伴中的地位的主观评价（其中 10 条用语指向孤独，6 条指向非孤独），8 个项目为个人爱好的无关插入题，询问业余爱好和活动爱好，使得儿童的回答更坦诚和放松，避免他们意识到量表的真正测量目的而掩饰自己的真实回答。从"始终如此"到"一点没有"5 级计分。对 16 个基本条目进行简单叠加，高分表示孤独感-社会不满较重。8 个项目作为补充条目。本研究中该量表的内部一致性 α 信度系数为 0.817。

（4）一般自我效能感量表（GSES）

一般自我效能感量表（GSES）由 Schwarzer 等编制，中文版由王才康等（2001）翻译修订，共 10 个项目，是当前在研究自我效能感方面应用得最多的量表，涉及个体遇到挫折或困难时的自信心，比如"我自信能有效地应付任何突如其来的事情"，主要用于测查被试者对自己在日常生活或学习中应付困难能力的判断。采用 Likert 4 点计分，该量表为单维量表，只需统计总分，得分越高，说明自我效能感越高。量表内部一致性 α 信度系数为 0.87，间隔 10 天的重测信度为 0.83，折半信度为 0.82。本研究中该量表的内部一致性 α 信度系数为 0.746。

（5）青少年社会支持量表

由叶悦妹、戴晓阳等编制，该量表以肖水源的社会支持理论模型为基础，包括主观支持、客观支持和支持利用度 3 个维度，共 17 个条目。采用五点评分法，即"不符合"到"符合"分别记 1~5 分。该量表的内部一致性信度为 0.906，间隔 2 周后的重测信度为 0.821，量表的信效度水平均较高。本研究中该量表的内部一致性 α 信度系数为 0.850。

四、技术路线

文献与前期研究分析→精心挑选心理韧性、社会支持和孤独感的测量量表→编制与印刷调查问卷→培训主试→随机抽取贵州不同地区少数民族初中生调查被试→正式调查→回收问卷→剔除无效问卷→录入数据→电脑分项统计、处理数据→结果分析→分析贵州少数民族初中生心理韧性品质现状特点→分析少数民族初中生心理韧性与社会支持、孤独感的相关关系→辨析少数民族初中生心理韧性的影响因素及具体影响机制→运用结构方程模型等统计方法建立关系结构模型→研究少数民族初中生积极心理健康教育的具体教育对策。

五、数据处理与分析方法

本课题调查研究得到的问卷数据录入计算机，采用 SPSS18.0 和 AMOS18.0 对数据进行整理与统计分析，本研究中主要采用独立样本 t 检验、方差分析、相关与回归分析、潜变量矩结构方程模型分析等数据统计分析方法。

第四章
贵州少数民族初中生心理韧性品质研究

第一节 贵州少数民族初中生心理韧性的目标关注研究

一、贵州少数民族初中生目标关注的基本状况

（一）贵州少数民族初中生目标关注的总体情况

通过描述统计对贵州少数民族初中生目标关注的总体情况及题平均得分进行分析，基本状况如表4-1所示。

表4-1 贵州少数民族初中生目标关注的基本状况

	Min	Max	平均数	标准差	每题平均得分
目标关注	5.00	25.00	17.11	3.75	3.42

表4-1表明，贵州少数民族初中生目标关注的总体情况居于中等水平。

根据少数民族初中生目标关注的总分绘制柱形分布图，结果如图4-1所示。

图4-1贵州少数民族初中生目标关注的总体分布图表明，少数民族初中生目标关注属于正态分布，大多数的少数民族初中生属于中等水平的目标关注。

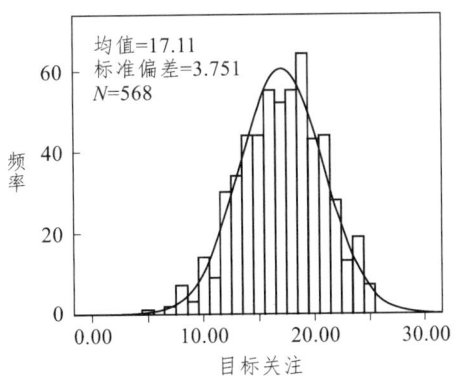

图4-1 贵州少数民族初中生目标关注的分布图

（二）贵州少数民族初中生目标关注在性别上的差异分析

以目标关注为因变量，性别为自变量对少数民族初中生目标关注进行独立样本 t 检验，结果如表4-2所示。

表4-2 少数民族初中生目标关注的性别差异

	性别	N	均值	标准差	t	p
目标关注	男	283	17.14	3.84	0.215	0.830
	女	285	29.79	3.66		

表4-2表明，贵州少数民族初中生目标关注不存在显著的性别差异。

二、学校因素对贵州少数民族初中生目标关注的影响分析

（一）不同年级少数民族初中生的目标关注差异分析

为了探讨不同年级少数民族初中生的目标关注差异，以目标关注为因变量，年级为自变量进行描述统计和单因素方差分析，结果如表4-3所示。

表4-3 不同年级少数民族初中生目标关注的单因素方差分析

因变量	年级	N	均值	标准差	极小值	极大值	F	p
目标关注	七年级	148	16.80	3.92	7.00	25.00	0.852	0.043
	八年级	264	17.30	3.55	8.00	25.00		
	九年级	156	17.09	3.92	5.00	25.00		

表 4-3 的分析结果表明不同年级的少数民族初中生在目标关注总体上不存在显著差异，不同年级的少数民族初中生的目标关注总体上的变化不大，即不同年级对少数民族初中生的目标关注总体影响较小。以不同年级的少数民族初中生的目标关注平均值为纵轴，年级为横轴绘制均值图以观测不同年级少数民族初中生目标关注的基本变化趋势，具体变化情况如图 4-2 所示。

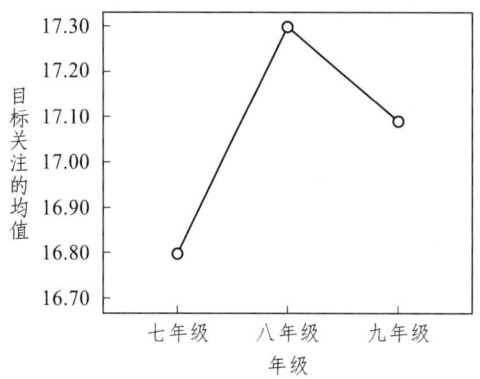

图 4-2　不同年级少数民族初中生目标关注均值变化趋势图

由图 4-2 所示，少数民族初中生的目标关注虽然在不同年级上不存在显著差异，但是变化趋势仍表现出，八年级的少数民族初中生其目标关注最高，其次是九年级的少数民族初中生，而七年级的少数民族初中生其目标关注最低。

（二）是否担任班干部少数民族初中生的目标关注差异分析

以目标关注为因变量，是否担任班干部为自变量对少数民族初中生目标关注进行独立样本 t 检验，结果如表 4-4 所示。

表 4-4　少数民族初中生目标关注在是否担任班干部上的差异分析

因变量	是否担任班干部	N	均值	标准差	t	p
目标关注	未担任班干	343	16.82	3.67	-2.274	0.023
	班干	225	17.55	3.83		

表 4-4 表明，担任班干部和未担任班干部的少数民族初中生在目标关注上存在显著差异，担任班干部的目标关注要显著高于没有担任班干

部的目标关注。

（三）不同学习成绩水平少数民族初中生的目标关注差异分析

为了分析学习成绩水平对少数民族初中生目标关注的影响情况，以目标关注总分为因变量，学习成绩水平为自变量进行描述统计和单因素方差分析，结果见表 4-5 所示。

表 4-5 不同学习成绩少数民族初中生目标关注的单因素方差分析

因变量	学习成绩	N	平均数	标准差	极大值	极小值	F	p
目标关注	好	28	16.64	5.49	5.00	25.00	5.394	0.005
	中	472	17.33	3.63	7.00	25.00		
	差	68	15.78	3.46	8.00	25.00		

表 4-5 的分析结果表明不同学习成绩水平的少数民族初中生在目标关注总体上存在显著的差异，不同学习成绩少数民族初中生的目标关注表现出不一样的特点，并且不同学习成绩水平之间初中生的目标关注总体上差异较大。以不同学习成绩学生的目标关注总分平均值为纵轴，学习成绩水平为横轴绘制均值图以观测不同学习成绩水平少数民族初中生目标关注总体的变化情况，不同学习成绩少数民族初中生的目标关注变化趋势如图 4-3 所示。

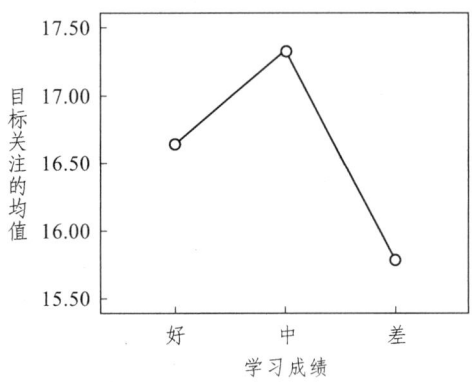

图 4-3 不同学习成绩少数民族初中生目标关注均值变化趋势图

图 4-3 得到各学习成绩水平少数民族初中生的学业目标关注，总体

上成绩差的少数民族初中生目标关注最低，而成绩中等的少数民族初中生目标关注最高。为了具体了解不同学习成绩水平少数民族初中生在目标关注上的具体差异情况，对各学习成绩水平少数民族初中生目标关注进行多重事后检验，具体分析结果见表 4-6。

表 4-6　不同学习成绩少数民族初中生目标关注的两两事后比较分析

因变量	（I）学习成绩	（J）学习成绩	均值差（I-J）	标准误	显著性
目标关注	好	中	-0.68	0.72	0.343
	好	差	0.86	0.83	0.302
	中	差	1.55	0.48	0.001

表 4-6 的多重事后检验表明，在目标关注上，成绩中等的少数民族初中生其目标关注均要显著高于成绩差的少数民族初中生的目标关注。

（四）不同学习压力少数民族初中生的目标关注差异分析

以目标关注为因变量，学习压力情况为自变量对少数民族初中生目标关注进行描述统计和单因素方差分析，结果如表 4-7 所示。

表 4-7　少数民族初中生目标关注的不同学习压力差异

因变量	学习压力	N	均值	标准差	极小值	极大值	F	显著性
目标关注	几乎没有压力	37	16.03	4.37	7.00	24.00	2.146	0.118
	压力较小	271	17.03	3.43	7.00	25.00		
	压力很大	260	17.35	3.95	5.00	25.00		

表 4-7 表明，不同学习压力的少数民族初中生在目标关注上的差异不显著，也就是说不同学习压力水平之间的少数民族初中生其目标关注的差异不大。以不同学习压力少数民族初中生的目标关注总分平均值为纵轴，学习压力水平为横轴绘制均值图以观测不同学习压力水平少数民族初中生目标关注总体的变化情况，不同学习压力初中生目标关注变化趋势如图 4-4 所示。

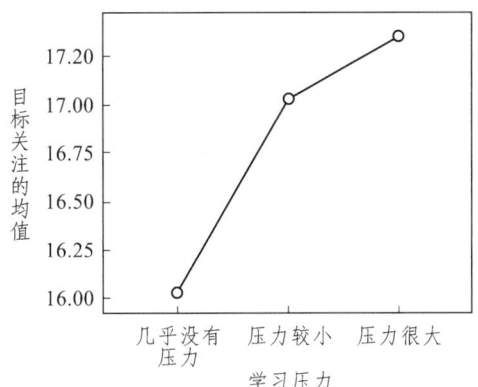

图 4-4 不同学习压力少数民族初中生目标关注均值变化趋势图

图 4-4 得到各学习压力少数民族初中生的目标关注，少数民族初中生的目标关注在不同学习压力上未体现出显著差异，但是从均值变化趋势图来看，学习压力很大的少数民族初中生其目标关注最高，而压力较小的少数民族初中生其目标关注相对居中，几乎没有学习压力的少数民族初中生其目标关注相对最低。

三、家庭因素对少数民族初中生目标关注的影响分析

（一）是否独生子女少数民族初中生的目标关注差异分析

以目标关注为因变量，是否独生子女为自变量对少数民族初中生的目标关注进行独立样本 t 检验。结果如表 4-8 所示。

表 4-8 少数民族初中生目标关注的是否独生子女差异

因变量	是否独生子女	N	均值	标准差	t	p
目标关注	独生子女	44	17.77	4.11	1.219	0.223
	非独生子女	524	17.06	3.72		

表 4-8 表明，独生子女和非独生子女少数民族初中生在目标关注上未显示出有显著的差异，但是独生子女少数民族初中生在目标关注上的平均数比非独生子女少数民族初中生的平均数要高些。

(二)少数民族初中生目标关注的家庭居住地差异分析

以目标关注为因变量,对分别来自城区、乡镇和乡村的少数民族初中生目标关注进行描述统计和单因素方差分析。结果如表 4-9 所示。

表 4-9 少数民族初中生目标关注的家庭居住地差异

因变量	家庭居住地	N	均值	标准差	极小值	极大值	F	p
目标关注	城区	19	17.32	3.40	12.00	25.00	0.895	0.409
	乡镇	123	17.50	3.56	8.00	25.00		
	农村	426	16.99	3.82	5.00	25.00		

表 4-9 表明,来自不同家庭居住地的少数民族初中生在目标关注上不存在显著的差异,不同家庭居住地的少数民族初中生的目标关注总体上差异不大。以不同家庭居住地留守初中生的目标关注总分平均值为纵轴,家庭居住地为横轴绘制均值图以观测不同家庭居住地少数民族初中生目标关注总体的变化情况,不同家庭居住地少数民族初中生的目标关注变化趋势如图 4-5 所示。

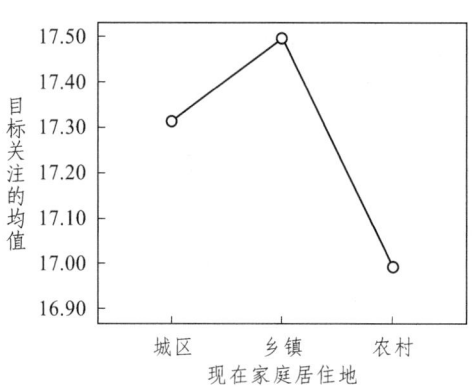

图 4-5 不同家庭居住地少数民族初中生目标关注均值变化趋势图

图 4-5 得到不同家庭居住地少数民族初中生的目标关注,总体上虽然来自不同家庭居住地的少数民族初中生在目标关注上不存在显著的差异,但是从目标关注的均值变化趋势图来看,家庭居住地为乡镇的少数民族初中生其目标关注最高,其次是家庭居住地为城区的少数民族初中生其目标关注居中,而家庭居住地为农村的少数民族初中生其目标关注最低。

(三)不同家庭经济状况少数民族初中生的目标关注差异分析

为了深入了解家庭经济状况对少数民族初中生目标关注的影响,以少数民族初中生的家庭经济状况为自变量,以目标关注为因变量进行描述统计和单因素方差分析,结果见表 4-10。

表 4-10 不同家庭经济状况少数民族初中生目标关注的单因素方差分析

因变量	家庭经济状况	N	均值	标准差	极小值	极大值	F	p
目标关注	较好	54	17.17	3.80	10.00	24.00	0.031	0.993
	一般	382	17.12	3.66	5.00	25.00		
	较差	106	17.02	4.03	7.00	25.00		
	贫穷	26	17.19	4.04	8.00	23.00		

表 4-10 的分析结果表明不同家庭经济状况的少数民族初中生在目标关注上不存在显著的差异,不同家庭经济状况的少数民族初中生在目标关注上的变化不大。以不同家庭经济状况的少数民族初中生目标关注平均值为纵轴,家庭经济状况为横轴绘制均值图,以观测不同家庭经济状况少数民族初中生目标关注的基本变化趋势。具体变化情况如图 4-6 所示。

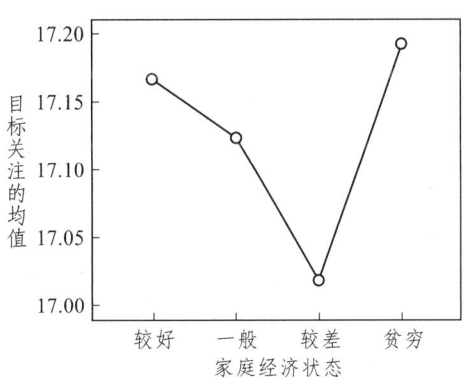

图 4-6 不同家庭经济状况少数民族初中生目标关注均值变化趋势图

图 4-6 得到在不同家庭经济状况的少数民族初中生的目标关注中,虽然不同家庭经济状况的少数民族初中生在目标关注上不存在显著的差异,但是从目标关注在家庭经济状况上的均值变化趋势图来看,家庭经济状况较差的少数民族初中生其目标关注最低,而家庭经济状况贫穷的

少数民族初中生目标关注最高。

(四) 不同家庭氛围少数民族初中生的目标关注差异分析

为了深入分析家庭氛围对少数民族初中生目标关注的影响情况, 以目标关注为因变量, 家庭氛围为自变量进行描述统计和单因素方差分析, 结果见表4-11所示。

表4-11 不同家庭氛围少数民族初中生目标关注的单因素方差分析

因变量	家庭氛围	N	均值	标准差	极小值	极大值	F	P
目标关注	非常融洽	215	17.77	3.74	7.00	25.00	6.526	0.002
	比较融洽	311	16.82	3.71	7.00	25.00		
	经常吵架	42	15.90	3.58	5.00	24.00		

表4-11的分析结果表明不同家庭氛围少数民族初中生在目标关注上存在显著的差异, 不同家庭氛围的少数民族初中生其目标关注表现出不一样的特点。以不同家庭氛围少数民族初中生的目标关注平均值为纵轴, 以家庭氛围为横轴绘制均值图, 以观测不同家庭氛围少数民族产生的变化情况, 具体的变化趋势如图4-7所示。

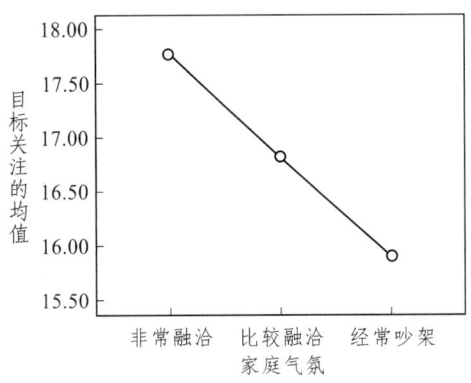

图4-7 不同家庭氛围少数民族初中生目标关注均值变化趋势图

图4-7得到在不同家庭氛围中成长起来的少数民族初中生目标关注的变化趋势, 随着家庭氛围由融洽变为糟糕, 少数民族初中生的目标关注也逐渐降低。也就是说家庭氛围最和谐和非常融洽的少数民族初中生其目标关注最高, 家庭氛围比较融洽的少数民族初中生的目标关注居中,

而家庭氛围为经常吵架的少数民族初中生其目标关注最低。为了具体了解不同家庭氛围少数民族初中生在目标关注上的具体差异情况，对不同家庭氛围少数民族初中生的目标关注进行多重事后检验，具体分析结果见表4-12。

表4-12 不同家庭氛围少数民族初中生目标关注的两两事后比较分析

因变量	（I）家庭气氛	（J）家庭气氛	均值差（I-J）	标准误	显著性
目标关注	非常融洽	比较融洽	0.95	0.33	0.004
	非常融洽	经常吵架	1.86	0.63	0.003
	比较融洽	经常吵架	0.92	0.61	0.135

表4-12的多重事后检验表明，在目标关注上，家庭氛围非常融洽的少数民族初中生其目标关注显著高于家庭氛围比较融洽的和家庭氛围是经常吵架的少数民族初中生。在不同家庭氛围的少数民族初中生当中，家庭氛围非常融洽的少数民族初中生目标关注是最高的。

（五）不同父亲文化程度少数民族初中生的目标关注差异分析

为了深入分析父亲文化程度对少数民族初中生目标关注的影响，以少数民族初中生目标关注为因变量，父亲文化程度为自变量进行描述统计和单因素方差分析，结果见表4-13所示。

表4-13 不同父亲文化程度少数民族初中生目标关注的单因素方差分析

因变量	父亲文化程度	N	均值	标准差	极小值	极大值	F	p
目标关注	未上过学	17	17.82	4.64	8.00	24.00	1.167	0.324
	小学	210	16.77	3.76	7.00	25.00		
	初中	254	17.19	3.62	8.00	25.00		
	高中	57	17.30	3.69	7.00	25.00		
	大专以上	30	18.10	4.22	5.00	25.00		

表4-13的分析结果表明不同父亲文化程度的少数民族初中生在目标关注上的变化不大，即父亲文化程度对少数民族初中生的目标关注影响不大。以不同父亲文化程度少数民族初中生的目标关注平均值为纵轴，父亲文化程度为横轴绘制均值图以观测不同父亲文化程度少数民族初中

生目标关注的变化趋势,具体情况如图 4-8 所示。

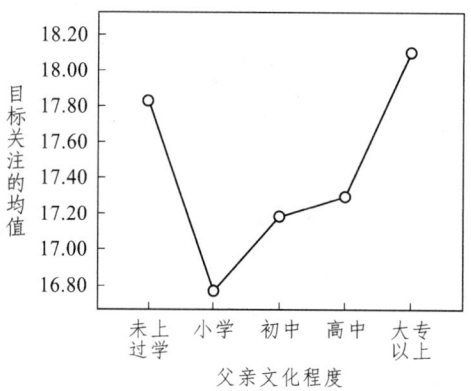

图 4-8　不同父亲文化程度少数民族初中生目标关注均值变化趋势图

图 4-8 得到在不同父亲文化程度的少数民族初中生的目标关注中,虽然不同父亲文化程度的少数民族初中生在目标关注上不存在显著的差异,但是父亲文化为大专以上的少数民族初中生其目标关注最高,而父亲文化程度为小学水平的少数民族初中生目标关注最低。

(六)不同母亲文化程度少数民族初中生目标关注差异分析

为了深入分析母亲文化程度对少数民族初中生目标关注的影响情况,以目标关注为因变量,母亲文化程度为自变量进行描述统计和单因素方差分析,结果见表 4-14 所示。

表 4-14　不同母亲文化程度少数民族初中生目标关注的单因素方差分析

因变量	母亲文化程度	N	均值	标准差	极小值	极大值	F	p
目标关注	未上过学	142	16.48	3.94	5.00	24.00	1.540	0.189
	小学	240	17.24	3.70	7.00	25.00		
	初中	152	17.47	3.64	8.00	25.00		
	高中	25	17.00	3.73	7.00	22.00		
	大专以上	9	17.89	3.44	14.00	25.00		

表 4-14 的分析结果表明不同母亲文化程度的少数民族初中生目标关注上不存在显著的差异,母亲文化程度不同对少数民族初中生目标关注影响不大。以不同母亲文化程度少数民族初中生目标关注平均值为纵轴,

母亲文化程度为横轴绘制均值图以观测不同母亲文化程度少数民族初中生目标关注的变化趋势，如图4-9所示。

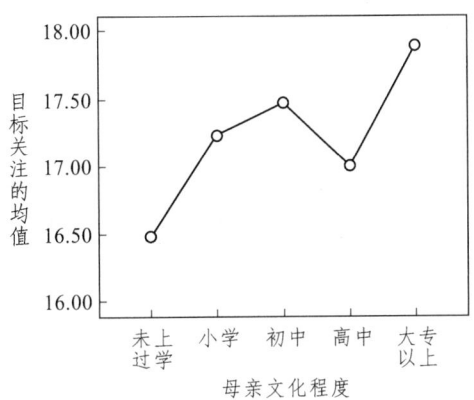

图4-9　不同母亲文化程度少数民族初中生目标关注均值变化趋势图

由图4-9所示，少数民族初中生在不同母亲文化程度上不存在显著差异，但是从目标关注在不同母亲文化程度上的均值变化趋势图来看，母亲文化程度为大专以上的少数民族初中生目标关注是最高的，而母亲从未上过学的少数民族初中生目标关注是最低的。

（七）不同留守情况少数民族初中生目标关注差异分析

为了深入分析留守情况对少数民族初中生目标关注的影响，首先分析留守初中生和非留守少数民族初中生在目标关注上的差异情况。然后以留守初中生为统计分析对象，以留守初中生的留守类型为自变量，再以留守初中生的目标关注为因变量进行方差检验。

1. 留守初中生与非留守初中生目标关注的差异分析

以目标关注为因变量，对留守初中生和非留守初中生进行独立样本 t 检验，结果如表4-15所示。

表4-15　少数民族初中生目标关注在是否留守上的差异

因变量	留守与非留守	N	均值	标准差	t	p
目标关注	非留守	253	17.26	3.54	0.854	0.394
	留守	315	16.99	3.91		

表 4-15 表明，留守和非留守少数民族初中生在目标关注上不存在显著差异，留守家庭因素并没有对少数民族初中生的目标关注产生具体的较大的影响。

2. 不同留守类型留守初中生目标关注的差异分析

为了深入了解留守情况对留守少数民族初中生目标关注产生的具体影响，分析不同留守类型对留守少数民族初中生在目标关注上的具体差异。以留守少数民族初中生的目标关注为因变量，留守类型为自变量进行描述统计和单因素方差分析，结果见表 4-16 所示。

表 4-16　不同留守类型少数民族初中生目标关注的单因素方差分析

因变量	留守类型	N	均值	标准差	极小值	极大值	F	p
目标关注	父亲外出	88	16.31	3.76	7.00	24.00	2.962	0.053
	母亲外出	35	16.37	3.43	7.00	24.00		
	均外出	192	17.42	4.02	8.00	25.00		

表 4-16 的分析结果表明不同留守类型的留守少数民族初中生在目标关注上不存在显著的差异，也就是说，留守类型对留守少数民族初中生的目标关注影响不大。以不同留守少数民族初中生的目标关注平均值为纵轴，留守类型为横轴绘制均值图以观测不同留守类型留守少数民族初中生的目标关注的变化趋势，如图 4-10 所示。

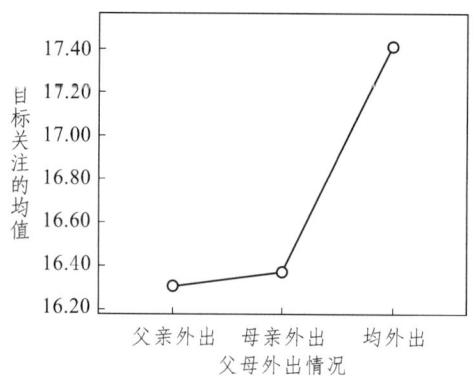

图 4-10　不同留守类型留守少数民族初中生目标关注均值变化趋势图

由图 4-10 所示，留守少数民族初中生的目标关注在不同留守类型上不存在显著差异,但是从均值变化趋势图来看,父母亲均外出的留守少数民族初中生其目标关注是最高的。

(八)与父亲关系状况不同的少数民族初中生目标关注的差异分析

为了深入分析少数民族初中生与父亲关系状况不同在目标关注上的影响,以少数民族初中生目标关注为因变量,少数民族初中生与父亲关系状况为自变量进行描述统计和单因素方差分析,结果见表4-17所示。

表4-17 与父亲关系不同的少数民族初中生目标关注的单因素方差分析

因变量	与父亲关系	N	均值	标准差	极小值	极大值	F	P
目标关注	关系紧张	41	16.27	4.28	9.00	24.00	12.452	0.000
	关系一般	220	16.28	3.53	7.00	25.00		
	关系融洽	307	17.82	3.70	5.00	25.00		

4-17的分析结果表明与父亲关系不同的少数民族初中生在目标关注上存在显著的差异,与父亲关系状况不同的少数民族初中生在目标关注上的变化较大,即不同的与父亲关系状况对少数民族初中生的目标关注影响较大。以不同的与父亲关系状况少数民族初中生的目标关注平均值为纵轴,与父亲关系状况为横轴绘制均值图,以观测与父亲关系状况不同的少数民族初中生目标关注的变化趋势,具体情况如图4-11所示。

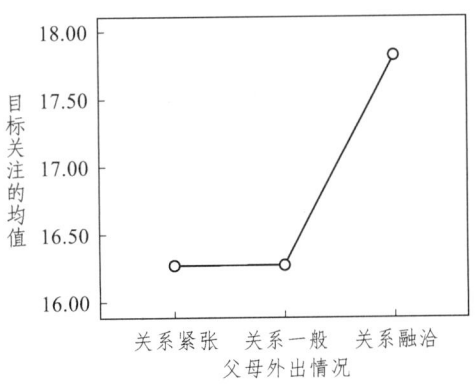

图4-11 与父亲关系状况不同的少数民族初中生目标关注均值变化趋势图

图 4-11 得到在与父亲关系不同的少数民族初中生的目标关注中，与父亲关系融洽的少数民族初中生其目标关注最高，而与父亲关系一般的和关系紧张的少数民族初中生目标关注相对低一些。为了具体了解不同与父亲关系状况的少数民族初中生在目标关注上的具体差异情况，对与父亲关系不同的少数民族初中生的目标关注进行多重事后检验，具体分析结果见表 4-18。

表 4-18　与父亲关系状况不同的少数民族初中生目标关注的两两事后比较分析

因变量	（I）与父亲关系	（J）与父亲关系	均值差（I-J）	标准误	显著性
目标关注	关系紧张	关系一般	-0.01	0.63	0.989
		关系融洽	-1.55	0.61	0.011
	关系一般	关系融洽	-1.54	0.33	0.000

表 4-18 的多重事后检验表明，与父亲关系融洽的少数民族初中生其目标关注均要高于与父亲关系紧张和关系一般的少数民族初中生的目标关注。

（九）与母亲关系状况不同的少数民族初中生目标关注的差异分析

为了深入分析与母亲关系状况不同对少数民族初中生目标关注的影响，以少数民族初中生目标关注为因变量，与母亲不同的关系为自变量进行描述统计和单因素方差分析，结果见表 4-19 所示。

表 4-19　与母亲关系不同的少数民族初中生目标关注的单因素方差分析

因变量	与母亲关系	N	均值	标准差	极小值	极大值	F	p
目标关注	关系紧张	27	16.22	4.15	9.00	24.00	5.810	0.003
	关系一般	182	16.45	3.65	7.00	24.00		
	关系融洽	359	17.52	3.72	5.00	25.00		

4-19 的分析结果表明与母亲关系不同的少数民族初中生在目标关注上存在显著的差异，与母亲关系状况不同中的少数民族初中生在目标关

注上的变化较大,即与母亲不同的关系状况对少数民族初中生的目标关注影响较大。以与母亲不同的关系状况少数民族初中生的目标关注平均值为纵轴,与母亲关系状况为横轴绘制均值图以观测与母亲关系状况不同的少数民族初中生目标关注的变化趋势,具体情况如图4-12所示。

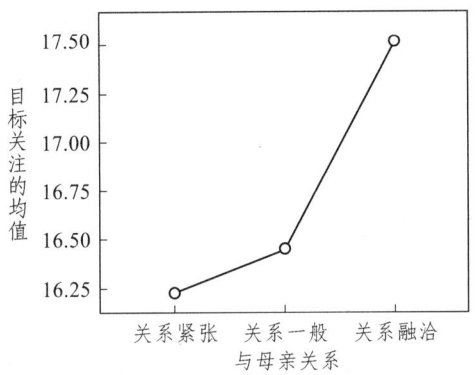

图4-12 与母亲关系状况不同的少数民族初中生目标关注均值变化趋势图

图4-12得到在与母亲关系不同的少数民族初中生的目标关注中,与母亲关系紧张的少数民族初中生其目标关注最低,与母亲关系一般的少数民族初中生目标关注居中,与母亲关系融洽的少数民族初中生目标关注最高。为了具体了解与母亲不同的关系状况的少数民族初中生在目标关注上的具体差异情况,对与母亲关系不同的少数民族初中生的目标关注进行多重事后检验,具体分析结果见表4-20。

表4-20 与母亲关系状况不同的少数民族初中生目标关注的两两事后比较分析

因变量	(I)与母亲关系	(J)与母亲关系	均值差(I-J)	标准误	显著性
目标关注	关系紧张	关系一般	-0.22	0.77	0.772
		关系融洽	-1.29	0.74	0.082
	关系一般	关系融洽	-1.07	0.34	0.002

表4-20的多重事后检验表明,与母亲关系融洽的少数民族初中生其目标关注要高于与母亲关系一般少数民族初中生的目标关注。

第二节 贵州少数民族初中生心理韧性的情绪控制研究

一、贵州少数民族初中生情绪控制的基本状况

（一）贵州少数民族初中生情绪控制的总体情况

通过描述统计对贵州少数民族初中生情绪控制的总体情况及题平均得分进行分析，基本状况如表4-21所示。

表4-21 贵州少数民族初中生情绪控制的基本状况

	Min	Max	平均值	标准差	每题平均得分
情绪控制	8.00	30.00	19.26	4.21	3.21

表4-21表明，贵州少数民族初中生情绪控制的总体情况居于中等水平。

根据少数民族初中生情绪控制的总分绘制柱形分布图，结果如图4-13所示。

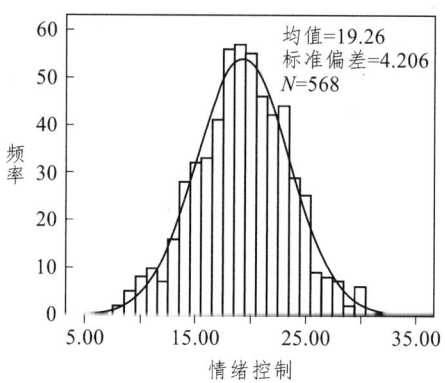

图4-13 贵州少数民族初中生情绪控制的分布图

图4-13贵州少数民族初中生情绪控制的总体分布图表明，少数民族初中生情绪控制属于正态分布，大多数的少数民族初中生属于中等水平的情绪控制。

（二）少数民族初中生情绪控制在性别上的差异分析

以情绪控制为因变量，性别为自变量对少数民族初中生的情绪控制

进行独立样本 t 检验。结果如表 4-22 所示。

表 4-22　少数民族初中生情绪控制的性别差异

因变量	性别	N	均值	标准差	t	p
情绪控制	男	283	19.59	4.02	1.865	0.063
	女	285	18.93	4.36		

表 4-22 表明，贵州省少数民族初中生情绪控制不存在显著的性别差异。

二、学校因素对贵州少数民族初中生情绪控制的影响分析

（一）不同年级少数民族初中生的情绪控制差异分析

为了探讨不同年级少数民族初中生的情绪控制差异，以情绪控制为因变量，年级为自变量进行描述统计和单因素方差分析，结果见表 4-23。

表 4-23　不同年级少数民族初中生情绪控制的单因素方差分析

因变量	年级	N	均值	标准差	极小值	极大值	F	p
情绪控制	七年级	148	19.22	4.24	10.00	30.00	0.086	0.917
	八年级	264	19.33	3.94	9.00	30.00		
	九年级	156	19.17	4.62	8.00	30.00		

表 4-23 的分析结果表明不同年级的少数民族初中生在情绪控制总体上不存在显著差异，不同年级的少数民族初中生的情绪控制总体上变化不大，即不同年级对少数民族初中生的情绪控制总体影响较小。以不同年级的少数民族初中生的情绪控制平均值为纵轴，年级为横轴绘制均值图以观测不同年级少数民族初中生情绪控制的基本变化趋势，具体变化情况如图 4-14 所示。

由图 4-14 所示，少数民族初中生的情绪控制虽然在不同年级上不存在显著差异，但是情绪控制在不同年级的均值变化趋势仍表现出，八年级少数民族初中生的情绪控制最高，九年级少数民族初中生的情绪控制最低。

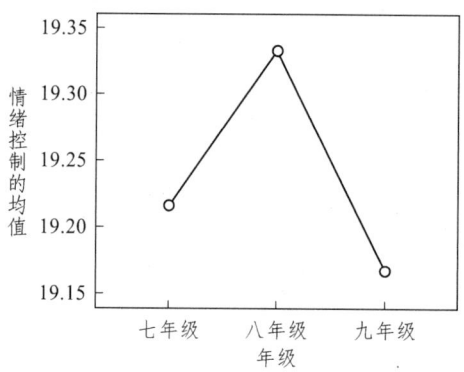

图 4-14 不同年级少数民族初中生情绪控制均值变化趋势图

（二）是否担任班干部少数民族初中生的情绪控制差异分析

以情绪控制为因变量，是否担任班干部为自变量对少数民族初中生情绪控制进行独立样本 t 检验。结果如表 4-24 所示。

表 4-24　少数民族初中生情绪控制在是否担任班干部上的差异分析

因变量	是否担任班干部	N	均值	标准差	t	p
情绪控制	未担任班干部	343	18.97	4.03	-2.028	0.043
	班干部	225	19.70	4.40		

表 4-24 表明，担任班干部和未担任班干部的少数民族初中生在情绪控制上存在显著差异，担任班干部的情绪控制要显著好于没有担任班干部的情绪控制。

（三）不同学习成绩水平少数民族初中生的情绪控制差异分析

为了分析学习成绩水平对贵州少数民族初中生情绪控制的影响情况，以情绪控制总分为因变量，学习成绩水平为自变量进行描述统计和单因素方差分析，结果见表 4-25 所示。

表 4-25　不同学习成绩少数民族初中生情绪控制的单因素方差分析

因变量	学习成绩	N	平均数	标准差	极大值	极小值	F	p
情绪控制	好	28	21.29	5.35	10.00	30.00	4.593	0.011
	中	472	19.25	4.16	8.00	30.00		
	差	68	18.44	3.75	8.00	28.00		

表4-25的分析结果表明不同学习成绩水平的少数民族初中生在情绪控制上存在显著的差异，不同学习成绩少数民族初中生的情绪控制表现出不一样的特点，并且不同学习成绩水平之间初中生的情绪控制总体上差异较大。以不同学习成绩学生的情绪控制总分平均值为纵轴，学习成绩水平为横轴绘制均值图以观测不同学习成绩水平少数民族初中生情绪控制总体的变化情况，不同学习成绩少数民族初中生的情绪控制变化趋势如图4-15所示。

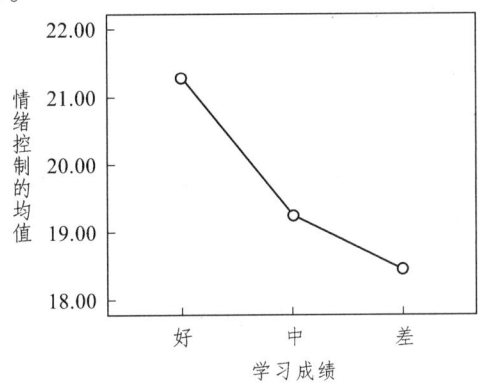

图4-15　不同学习成绩少数民族初中生情绪控制均值变化趋势图

图4-15得到各学习成绩水平少数民族初中生的学业情绪控制总体上，成绩差的少数民族初中生情绪控制最低，而成绩中等的少数民族初中生情绪控制处于中等，成绩好的少数民族初中生情绪控制最高。为了具体了解不同学习成绩水平少数民族初中生在情绪控制上的具体差异情况，对各学习成绩水平少数民族初中生情绪控制进行多重事后检验，具体分析结果见表4-26。

表4-26　不同学习成绩少数民族初中生情绪控制的两两事后比较分析

因变量	（I）学习成绩	（J）学习成绩	均值差（I-J）	标准误	显著性
情绪控制	好	中	2.03	0.81	0.013
		差	2.84	0.94	0.003
	中	差	0.81	0.54	0.134

表4-26的多重事后检验表明，在情绪控制上，成绩好的少数民族初中生其情绪控制要显著高于成绩中等的和成绩差的少数民族初中生的情

绪控制。

(四)不同学习压力少数民族初中生的情绪控制差异分析

以情绪控制为因变量,学习压力情况为自变量对少数民族初中生情绪控制进行描述统计和单因素方差分析,结果如表4-27所示。

表4-27 少数民族初中生情绪控制的不同学习压力差异

因变量	学习压力	N	均值	标准差	极小值	极大值	F	显著
情绪控制	几乎没有	37	19.78	4.81	10.00	30.00	1.619	0.199
	压力较小	271	19.51	3.95	9.00	30.00		
	压力很大	260	18.92	4.37	8.00	30.00		

表4-27表明,不同学习压力的少数民族初中生在情绪控制上的差异不显著,也就是说不同学习压力水平之间的少数民族初中生其情绪控制的差异不大。以不同学习压力少数民族初中生的情绪控制总分平均值为纵轴,学习压力水平为横轴绘制均值图以观测不同学习压力水平少数民族初中生情绪控制总体的变化情况,不同学习压力初中生情绪控制变化趋势如图4-16所示。

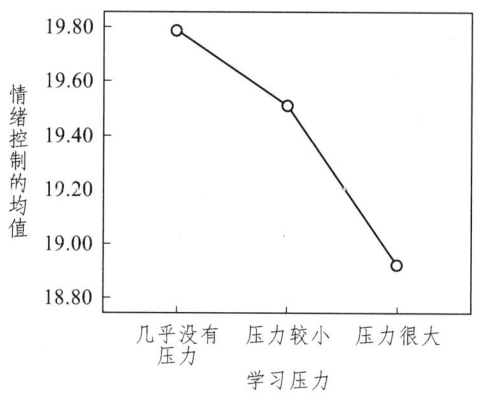

图4-16 不同学习压力少数民族初中生情绪控制均值变化趋势图

图4-16得到不同学习压力少数民族初中生的情绪控制,少数民族初中生的情绪控制在不同学习压力上未体现出显著差异,但是从情绪控制在不同学习压上的均值变化趋势图来看,学习压力很大的少数民族初中

生其情绪控制最低,而压力较小的少数民族初中生其情绪控制相对居中,几乎没有学习压力的少数民族初中生其情绪控制相对最高。

三、家庭因素对少数民族初中生情绪控制的影响分析

(一)是否独生子女少数民族初中生的情绪控制差异分析

以情绪控制为因变量,是否独生子女为自变量对少数民族初中生的情绪控制进行独立样本 t 检验。结果如表4-28所示。

表4-28 少数民族初中生情绪控制的是否独生子女差异

因变量	是否独生子女	N	均值	标准差	t	p
情绪控制	独生子女	44	19.55	5.15	0.473	0.636
	非独生子女	524	19.23	4.12		

表4-28表明,独生子女和非独生子女少数民族初中生在情绪控制上未显示出有显著的差异,但是独生子女少数民族初中生在情绪控制上的平均数比非独生子女少数民族初中生的平均数要高些。

(二)少数民族初中生情绪控制的家庭居住地差异分析

以情绪控制为因变量,对分别来自城区、乡镇和乡村的少数民族初中生情绪控制进行描述统计和单因素方差分析。结果如表4-29所示。

表4-29 少数民族初中生情绪控制的家庭居住地差异

因变量	家庭居住地	N	均值	标准差	极小值	极大值	F	p
情绪控制	城区	19	19.42	5.58	10.00	30.00	0.913	0.402
	乡镇	123	19.70	4.05	10.00	29.00		
	农村	426	19.12	4.18	8.00	30.00		

表4-29表明,来自不同家庭居住地的少数民族初中生在情绪控制上不存在显著的差异。以不同家庭居住地留守初中生的情绪控制平均值为纵轴,家庭居住地为横轴绘制均值图以观测不同家庭居住地少数民族初中生情绪控制总体的变化情况,不同家庭居住地少数民族初中生的情绪控制变化趋势如图4-17所示。

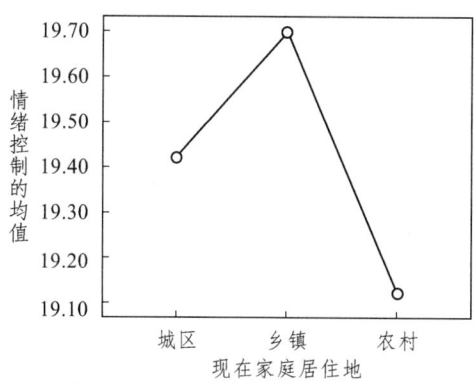

图 4-17 不同家庭居住地少数民族初中生情绪控制均值变化趋势图

图 4-17 得到不同家庭居住地少数民族初中生的情绪控制，总体上虽然来自不同家庭居住地的少数民族初中生在情绪控制上不存在显著的差异，但是从情绪控制的均值变化趋势图来看，家庭居住地为乡镇的少数民族初中生期情绪控制最高，家庭居住地为城区的少数民族初中生情绪控制居中，而家庭居住地为农村的少数民族初中生情绪控制最低。

（三）不同家庭经济状况少数民族初中生的情绪控制差异分析

为了深入了解家庭经济状况对少数民族初中生情绪控制的影响，以少数民族初中生的家庭经济状况为自变量，以情绪控制为因变量进行描述统计和单因素方差分析，结果见表 4-30 所示。

表 4-30 不同家庭经济状况少数民族初中生情绪控制的单因素方差分析

因变量	家庭经济状况	N	均值	标准差	极小值	极大值	F	p
情绪控制	较好	54	19.54	4.01	8.00	28.00	1.921	0.125
	一般	382	19.44	4.23	9.00	30.00		
	较差	106	18.85	4.30	9.00	30.00		
	贫穷	26	17.65	3.63	8.00	24.00		

表 4-30 的分析结果表明不同家庭经济状况的少数民族初中生在情绪控制上不存在显著的差异，不同家庭经济状况少数民族初中生在情绪控制上的变化不大。以不同家庭经济状况少数民族初中生情绪控制平均值

为纵轴，家庭经济状况为横轴绘制均值图以观测不同家庭经济状况少数民族初中生情绪控制的基本变化趋势，具体变化情况如图 4-18 所示。

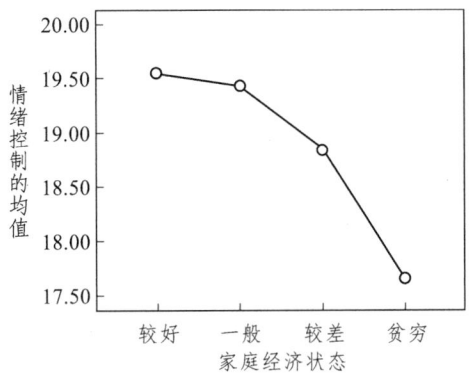

图 4-18　不同家庭经济状况少数民族初中生情绪控制均值变化趋势图

图 4-18 得到在不同家庭经济状况的少数民族初中生的情绪控制中，虽然不同家庭经济状况的少数民族初中生在情绪控制上不存在显著的差异，但是从情绪控制在家庭经济状况上的均值变化趋势图来看，家庭经济状况贫穷的少数民族初中生其情绪控制最低，而家庭经济状况较好的少数民族初中生情绪控制最高。

（四）不同家庭氛围少数民族初中生的情绪控制差异分析

为了深入分析家庭氛围对少数民族初中生情绪控制的影响情况，以情绪控制为因变量，家庭氛围为自变量进行描述统计和单因素方差分析，结果见表 4-31 所示。

表 4-31　不同家庭氛围少数民族初中生情绪控制的单因素方差分析

因变量	家庭氛围	N	均值	标准差	极小值	极大值	F	P
情绪控制	非常融洽	215	19.78	4.29	8.00	30.00	4.038	0.018
	比较融洽	311	19.07	4.03	9.00	30.00		
	经常吵架	42	17.95	4.68	9.00	30.00		

表 4-31 的分析结果表明不同家庭氛围少数民族初中生在情绪控制上存在显著的差异，不同家庭氛围的少数民族初中生其情绪控制表现出不一样的特点。以不同家庭氛围少数民族初中生的情绪控制平均值为纵轴，

家庭氛围为横轴绘制均值图以观测不同家庭氛围少数民族初中生产生的变化情况，具体的变化趋势如图4-19所示。

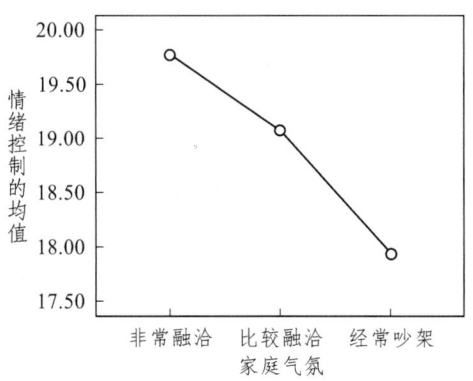

图4-19　不同家庭氛围少数民族初中生情绪控制均值变化趋势图

图4-19得到在不同家庭氛围中成长起来的少数民族初中生情绪控制的变化趋势，随着家庭氛围由融洽变为糟糕，少数民族初中生的情绪控制也逐渐降低，也就是说家庭氛围最和谐、非常融洽的少数民族初中生其情绪控制最高，家庭氛围比较融洽的少数民族初中生的情绪控制居中，而家庭氛围为经常吵架的少数民族初中生其情绪控制最低。为了具体了解不同家庭氛围少数民族初中生在情绪控制上的具体差异情况，对不同家庭氛围少数民族初中生的情绪控制进行多重事后检验，具体分析结果见表4-32。

表4-32　不同家庭氛围少数民族初中生情绪控制的两两事后比较分析

因变量	（I）家庭气氛	（J）家庭气氛	均值差（I-J）	标准误	显著性
情绪控制	非常融洽	比较融洽	0.71	0.37	0.056
		经常吵架	1.83	0.71	0.010
	比较融洽	经常吵架	1.12	0.69	0.105

表4-32的多重事后检验表明，在情绪控制上，家庭氛围非常融洽的少数民族初中生其情绪控制显著高于家庭氛围是经常吵架的少数民族初中生。在不同家庭氛围的少数民族初中生当中，家庭氛围非常融洽的少数民族初中生情绪控制是最高的。

（五）不同父亲文化程度少数民族初中生的情绪控制差异分析

为了深入分析父亲文化程度对少数民族初中生情绪控制的影响，以少数民族初中生情绪控制为因变量，父亲文化程度为自变量进行描述统计和单因素方差分析，结果见表4-33所示。

表4-33　不同父亲文化程度少数民族初中生情绪控制的单因素方差分析

因变量	父亲文化程度	N	均值	标准差	极小值	极大值	F	p
情绪控制	未上过学	17	20.00	4.06	13.00	26.00	0.553	0.697
	小学	210	19.09	4.15	8.00	30.00		
	初中	254	19.46	4.16	8.00	30.00		
	高中	57	18.77	4.23	10.00	28.00		
	大专以上	30	19.20	5.07	9.00	30.00		

表4-33的分析结果表明不同父亲文化程度的少数民族初中生在情绪控制上不存在显著的差异，不同父亲文化程度中少数民族初中生在情绪控制上的变化不大，即父亲文化程度对少数民族初中生的情绪控制影响不大。以不同父亲文化程度少数民族初中生的情绪控制平均值为纵轴，父亲文化程度为横轴绘制均值图以观测不同父亲文化程度少数民族初中生情绪控制的变化趋势，具体情况如图4-20所示。

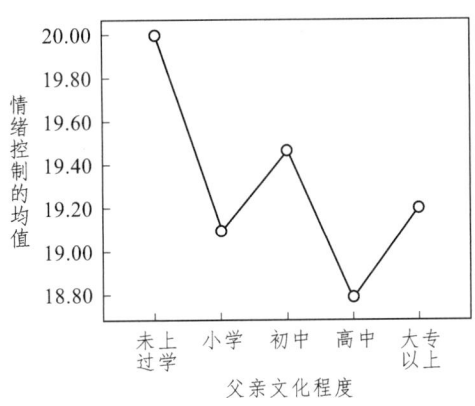

图4-20　不同父亲文化程度少数民族初中生情绪控制均值变化趋势图

图4-20得到在不同父亲文化程度的少数民族初中生的情绪控制中，虽然不同父亲文化程度的少数民族初中生在情绪控制上不存在显著的差

异，但是父亲文化程度为未上过学的少数民族初中生其情绪控制最高。

（六）不同母亲文化程度少数民族初中生情绪控制差异分析

为了深入分析母亲文化程度对少数民族初中生情绪控制的影响情况，以情绪控制为因变量，母亲文化程度为自变量进行描述统计和单因素方差分析，结果见表 4-34 所示。

表 4-34　不同母亲文化程度少数民族初中生情绪控制的单因素方差分析

因变量	母亲文化程度	N	均值	标准差	极小值	极大值	F	p
情绪控制	未上过学	142	19.02	4.29	8.00	30.00	1.164	0.326
	小学	240	19.28	4.16	8.00	30.00		
	初中	152	19.49	4.12	9.00	29.00		
	高中	25	19.92	4.91	10.00	30.00		
	大专以上	9	16.78	3.03	10.00	20.00		

表 4-34 的分析结果表明不同母亲文化程度的少数民族初中生情绪控制上不存在显著的差异，母亲文化程度不同对少数民族初中生情绪控制影响不大。以不同母亲文化程度少数民族初中生情绪控制平均值为纵轴，母亲文化程度为横轴绘制均值图以观测不同母亲文化程度少数民族初中生情绪控制的变化趋势，如图 4-21 所示。

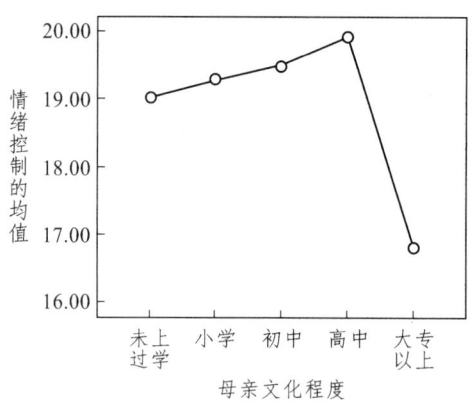

图 4-21　不同母亲文化程度少数民族初中生情绪控制均值变化趋势图

由图 4-21 所示，少数民族初中生在不同母亲文化程度上不存在显著差异，但是从情绪控制在不同母亲文化程度上的均值变化趋势图来看，母亲文化程度为大专以上的少数民族初中生情绪控制是最低的。

（七）不同留守情况少数民族初中生情绪控制差异分析

为了深入分析留守情况对少数民族初中生情绪控制的影响，首先分析留守中学生和非留守少数民族初中生在情绪控制上的差异情况。然后以留守初中生为统计分析对象，以留守初中生的留守类型为自变量，再以留守初中生的情绪控制为因变量进行方差检验。

1. 留守初中生与非留守初中生在情绪控制上的差异分析

以情绪控制为因变量，对留守初中生和非留守初中生进行独立样本 t 检验，结果如表 4-35 所示。

表 4-35 少数民族初中生情绪控制的是否留守差异

因变量	留守与非留守	N	均值	标准差	t	p
情绪控制	非留守	253	19.15	4.14	-0.522	0.602
	留守	315	19.34	4.27		

表 4-35 表明，留守和非留守少数民族初中生在情绪控制上不存在显著差异，留守家庭因素并没有对少数民族初中生的情绪控制产生具体的较大的影响。

2. 不同留守类型少数民族初中生情绪控制的差异分析

为了深入了解留守情况对留守少数民族初中生情绪控制产生的具体影响，分析不同留守类型对留守少数民族初中生在情绪控制上的具体差异。以留守少数民族初中生的情绪控制为因变量，留守类型为自变量进行描述统计和单因素方差分析，结果见表 4-36 所示。

表 4-36 不同留守类型少数民族初中生情绪控制的单因素方差分析

因变量	留守类型	N	均值	标准差	极小值	极大值	F	p
情绪控制	父亲外出	88	19.65	4.26	9.00	28.00	1.061	0.347
	母亲外出	35	20.03	3.33	14.00	28.00		
	均外出	192	19.07	4.41	8.00	30.00		

表4-36的分析结果表明不同留守类型的留守少数民族初中生在情绪控制上不存在显著的差异，也就是说，留守类型对留守少数民族初中生的情绪控制影响不大。以不同留守少数民族初中生的情绪控制平均值为纵轴，留守类型为横轴绘制均值图以观测不同留守类型少数民族初中生的情绪控制的变化趋势，如图4-22所示。

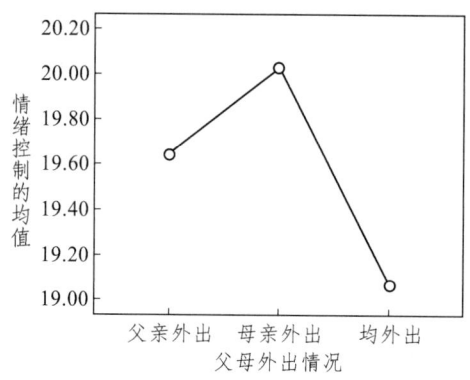

图 4-22　不同留守类型留守少数民族初中生情绪控制均值变化趋势图

由图 4-22 所示，留守少数民族初中生的情绪控制在不同留守类型上不存在显著差异，但是从均值变化趋势图来看，母亲外出的留守少数民族初中生其情绪控制是最高的。

（八）少数民族初中生情绪控制在与父亲关系状况上的差异分析

为了深入分析少数民族初中生与父亲关系状况对其情绪控制的影响，以少数民族初中生情绪控制为因变量，与父亲关系为自变量进行描述统计和单因素方差分析，结果见表 4-37 所示。

表 4-37　与父亲关系不同的少数民族初中生情绪控制的单因素方差分析

因变量	与父亲关系	N	均值	标准差	极小值	极大值	F	P
情绪控制	关系紧张	41	18.17	3.96	9.00	26.00	3.133	0.044
	关系一般	220	18.95	3.88	9.00	30.00		
	关系融洽	307	19.62	4.43	8.00	30.00		

4-37 的分析结果表明与父亲关系不同的少数民族初中生在情绪控制

上存在显著的差异，与父亲关系状况不同的少数民族初中生在情绪控制上的变化较大，即不同的与父亲关系状况对少数民族初中生的情绪控制影响较大。以不同的与父亲关系状况少数民族初中生的情绪控制平均值为纵轴，与父亲关系状况为横轴绘制均值图以观测与父亲关系状况不同的少数民族初中生情绪控制的变化趋势，具体情况如图4-23所示。

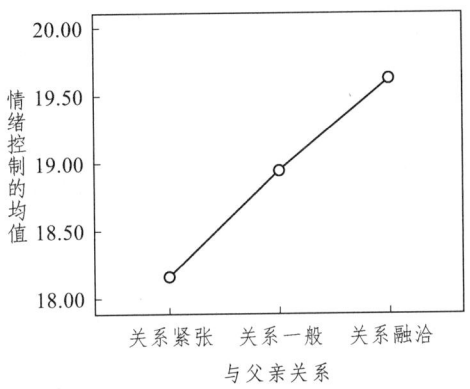

图4-23 与父亲关系状况不同的少数民族初中生情绪控制均值变化趋势图

图4-23得到在与父亲关系不同的少数民族初中生的情绪控制中，与父亲关系融洽的少数民族初中生其情绪控制最高，而与父亲关系一般的的少数民族初中生情绪控制居中，与父亲关系紧张的少数民族初中生情绪控制最低。为了具体了解不同的与父亲关系状况的少数民族初中生在情绪控制上的具体差异情况，对与父亲关系不同的少数民族初中生的情绪控制进行多重事后检验，具体分析结果见表4-38。

表4-38 不同父亲关系状况的少数民族初中生情绪控制的两两事后比较分析

因变量	（I）与父亲关系	（J）与父亲关系	均值差（I-J）	标准误	显著性
情绪控制	关系紧张	关系一般	-0.78	0.71	0.275
	关系紧张	关系融洽	-1.45	0.70	0.038
	关系一般	关系融洽	-0.67	0.37	0.070

表4-38的多重事后检验表明，与父亲关系融洽的少数民族初中生其情绪控制要高于与父亲关系紧张的少数民族初中生的情绪控制。

(九)少数民族初中生情绪控制在与母亲关系状况上的差异分析

为了深入分析与母亲关系状况对少数民族初中生情绪控制的影响,以少数民族初中生情绪控制为因变量,与母亲关系为自变量进行描述统计和单因素方差分析,结果见表 4-39 所示。

表 4-39　与母亲关系不同的少数民族初中生情绪控制的单因素方差分析

因变量	与母亲关系	N	均值	标准差	极小值	极大值	F	p
情绪控制	关系紧张	27	17.96	4.30	10.00	24.00	2.389	0.093
	关系一般	182	18.96	3.86	8.00	28.00		
	关系融洽	359	19.51	4.35	8.00	30.00		

表 4-39 的分析结果表明与母亲关系不同的少数民族初中生在情绪控制上不存在显著的差异,与母亲关系状况不同的少数民族初中生在情绪控制上的变化没有像与父亲关系状况那样大,即不同的与母亲关系状况对少数民族初中生的情绪控制影响不大。以不同的与母亲关系状况少数民族初中生的情绪控制平均值为纵轴,与母亲关系状况为横轴绘制均值图以观测与母亲关系状况不同的少数民族初中生情绪控制的变化趋势,具体情况如图 4-24 所示。

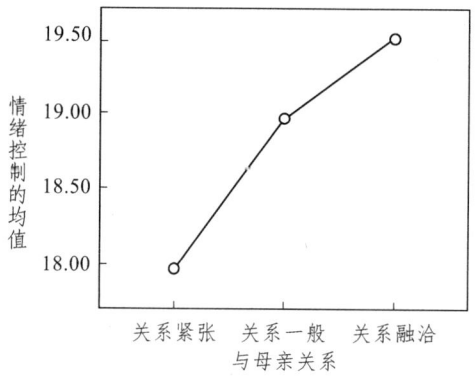

图 4-24　与母亲关系状况不同的少数民族初中生情绪控制均值变化趋势图

图 4-24 得到在与母亲关系不同的少数民族初中生的情绪控制中,虽然少数民族初中生的情绪控制在与母亲关系不同状况上不存在显著差异,但是从情绪控制的均值变化趋势图来看,与母亲关系融洽的少数民

族初中生其情绪控制是最高的。

第三节 贵州少数民族初中生心理韧性的积极认知研究

一、贵州少数民族初中生积极认知的基本状况

（一）贵州少数民族初中生积极认知的总体情况

通过描述统计对贵州少数民族初中生积极认知的总体情况及题平均得分进行分析，基本状况如表4-40所示。

表4-40 贵州少数民族初中生积极认知的基本状况

	Min	Max	平均数	标准差	每题平均得分
积极认知	4.00	20.00	13.93	3.17	3.48

表4-40表明，贵州少数民族初中生积极认知的总体情况居于中等水平。

根据少数民族初中生积极认知的总分均值绘制柱形分布图，结果如图4-25所示。

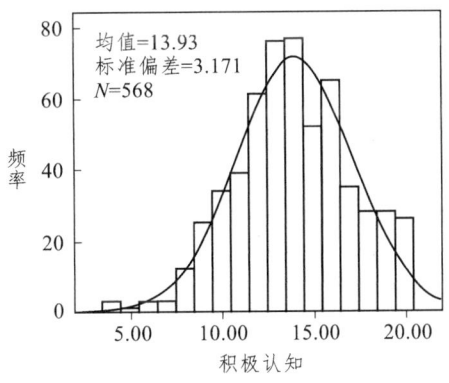

图4-25 贵州少数民族初中生积极认知的分布图

从图4-25贵州少数民族初中生积极认知的总体分布图表明，少数民族初中生积极认知属于正态分布，大多数的少数民族初中生属于中等水平的积极认知。

（二）少数民族初中生积极认知在性别上的差异分析

以积极认知为因变量，性别为自变量对少数民族积极认知进行独立样本 t 检验。结果如表 4-41 所示。

表 4-41 少数民族初中生积极认知的性别差异

因变量	性别	N	均值	标准差	t	p
积极认知	男	283	13.71	3.13	-1.685	0.093
	女	285	14.16	3.21		

表 4-41 表明，贵州少数民族初中生积极认知不存在显著的性别差异。

二、学校因素对贵州少数民族初中生积极认知的影响分析

（一）不同年级少数民族初中生的积极认知差异分析

为了探讨不同年级少数民族初中生的积极认知差异，以积极认知为因变量，年级为自变量进行描述统计和单因素方差分析，结果见表 4-42 所示。

表 4-42 不同年级少数民族初中生积极认知的单因素方差分析

因变量	年级	N	均值	标准差	极小值	极大值	F	p
积极认知	七年级	148	13.28	2.79	7.00	20.00	8.083	0.000
	八年级	264	13.85	2.92	4.00	20.00		
	九年级	156	14.71	3.72	4.00	20.00		

表 4-42 的分析结果表明不同年级的少数民族初中生在积极认知上存在显著差异，不同年级的少数民族初中生的积极认知总体上的变化较大，即不同年级对少数民族初中生的积极认知总体影响较大。以不同年级的少数民族初中生的积极认知平均值为纵轴，年级为横轴绘制均值图以观测不同年级少数民族初中生积极认知的基本变化趋势，具体变化情况如图 4-26 所示。

由图 4-26 得到各年级少数民族初中生的积极认知，总体上九年级的

少数民族初中生积极认知最高，而八年级的少数民族初中生积极认知处于中等，七年级的少数民族初中生积极认知最低。为了具体了解各年级少数民族初中生在积极认知上的具体差异情况，对各年级少数民族初中生积极认知进行多重事后检验，具体分析结果见表4-43所示。

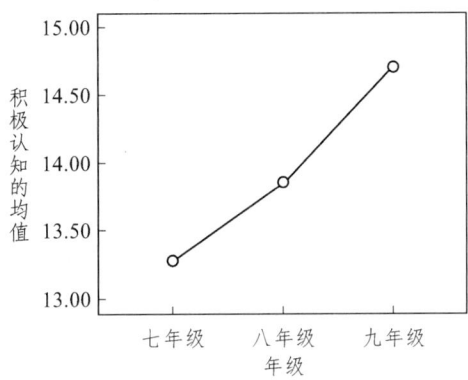

图4-26 不同年级少数民族初中生积极认知均值变化趋势图

表4-43 不同年级少数民族初中生积极认知的两两事后比较分析

因变量	（I）年级	（J）年级	均值差（I-J）	标准误	显著性
积极认知	七年级	八年级	-0.57	0.32	0.076
	七年级	九年级	-1.43	0.36	0.000
	八年级	九年级	-0.86	0.32	0.007

表4-43的多重事后检验表明，在积极认知上，九年级的少数民族初中生其积极认知要显著高于七年级和八年级的少数民族初中生的积极认知。

（二）是否担任班干部少数民族初中生的积极认知差异分析

以积极认知为因变量，是否担任班干部为自变量对少数民族初中生积极认知进行独立样本 t 检验。结果如表4-44所示。

表4-44 少数民族初中生积极认知在是否担任班干部上的差异分析

因变量	是否担任班干部	N	均值	标准差	t	p
积极认知	未担任班干	343	13.78	3.01	-1.426	0.154
	班干	225	14.17	3.39		

表 4-44 表明，担任班干部和未担任班干部的少数民族初中生在积极认知上不存在显著差异。

（三）不同学习成绩水平少数民族初中生的积极认知差异分析

为了分析学习成绩水平对贵州少数民族初中生积极认知的影响情况，以积极认知总分为因变量，学习成绩水平为自变量进行描述统计和单因素方差分析，结果见表 4-45 所示。

表 4-45　不同学习成绩少数民族初中生积极认知的单因素方差分析

因变量	学习成绩	N	平均数	标准差	极大值	极小值	F	p
积极认知	好	28	15.50	3.82	8.00	20.00	9.209	0.000
	中	472	14.02	3.08	4.00	20.00		
	差	68	12.68	3.16	4.00	20.00		

表 4-45 的分析结果表明不同学习成绩水平的少数民族初中生在积极认知上存在显著的差异，不同学习成绩少数民族初中生的积极认知表现出了不一样的特点，并且不同学习成绩水平之间初中生的积极认知差异较大。以不同学习成绩学生的积极认知总分平均值为纵轴，学习成绩水平为横轴绘制均值图以观测不同学习成绩水平少数民族初中生积极认知总体的变化情况，不同学习成绩少数民族初中生的积极认知变化趋势如图 4-27 所示。

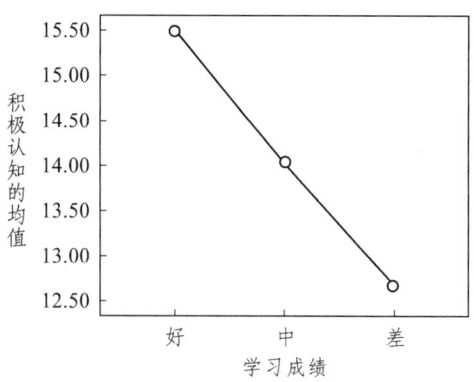

图 4-27　不同学习成绩少数民族初中生积极认知均值变化趋势图

图 4-27 得到各学习成绩水平少数民族初中生的积极认知上，成绩差的少数民族初中生积极认知最低，而成绩中等的少数民族初中生积极认知处于中等，成绩好的少数民族初中生积极认知最高，也就是说随着学习成绩的提高，积极认知也跟着提升。为了具体了解不同学习成绩水平少数民族初中生在积极认知上的具体差异情况，对各学习成绩水平少数民族初中生积极认知进行多重事后检验，具体分析结果见表 4-46。

表 4-46　不同学习成绩少数民族初中生积极认知的两两事后比较分析

因变量	（I）学习成绩	（J）学习成绩	均值差（I-J）	标准误	显著性
积极认知	好	中	1.48	0.61	0.015
		差	2.82	0.70	0.000
	中	差	1.35	0.41	0.001

表 4-46 的多重事后检验表明，在积极认知上，学习成绩好的少数民族初中生其积极认知要显著高于学习成绩中等的和学习成绩差的少数民族初中生，同时学习成绩中等的少数民族初中生的积极认知要显著高于学习成绩差的少数民族初中。

（四）不同学习压力少数民族初中生的积极认知差异分析

以积极认知为因变量，学习压力情况为自变量对少数民族初中生积极认知进行描述统计和单因素方差分析。结果如表 4-47 所示。

表 4-47　少数民族初中生积极认知的不同学习压力差异

因变量	学习压力	N	均值	标准差	极小值	极大值	F	显著性
积极认知	几乎没有压力	37	13.27	3.22	9.00	20.00	7.457	0.001
	压力较小	271	13.50	2.97	4.00	20.00		
	压力很大	260	14.48	3.29	4.00	20.00		

表 4-47 表明，不同学习压力的少数民族初中生在积极认知上存在显著差异，也就是说不同学习压力水平之间的少数民族初中生其积极认知的差异比较大。以不同学习压力少数民族初中生的积极认知总分平均值为纵轴，学习压力水平为横轴绘制均值图以观测不同学习压力水平少数民族初中生积极认知总体的变化情况，不同学习压力初中生积极认知变

化趋势如图 4-28 所示。

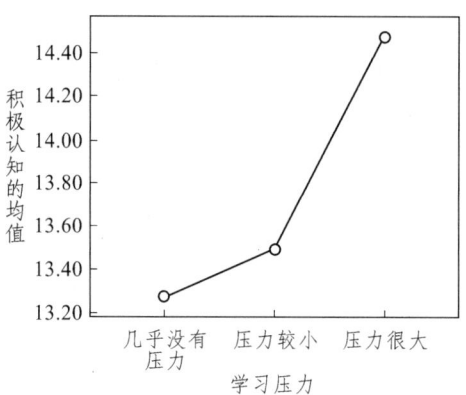

图 4-28　不同学习压力少数民族初中生积极认知均值变化趋势图

图 4-28 得到各学习压力少数民族初中生的积极认知，学习压力很大的少数民族初中生其积极认知最高，而压力较小的少数民族初中生其积极认知相对居中，几乎没有学习压力的少数民族初中生其积极认知相对最低。为了具体了解不同学习压力水平少数民族初中生在积极认知上的具体差异情况，对各学习压力水平少数民族初中生积极认知进行多重事后检验，具体分析结果见表 4-48。

表 4-48　不同学习压力少数民族初中生积极认知的两两事后比较分析

因变量	（I）学习压力	（J）学习压力	均值差（I-J）	标准误	显著性
积极认知	几乎没有压力	压力较小	-0.23	0.55	0.679
	几乎没有压力	压力很大	-1.21	0.55	0.028
	压力较小	压力很大	-0.99	0.27	0.000

表 4-48 的多重事后检验表明，在积极认知上，学习压力大的少数民族初中生其积极认知要显著高于学习压力较小的和几乎没有学习压力的少数民族初中生的积极认知。

三、家庭因素对少数民族初中生积极认知的影响分析

（一）是否独生子女少数民族初中生的积极认知差异分析

以积极认知为因变量，是否独生子女为自变量对少数民族初中生的

积极认知进行独立样本 t 检验。结果如表 4-49 所示。

表 4-49　少数民族初中生积极认知的是否独生子女差异

因变量	是否独生子女	N	均值	标准差	t	p
积极认知	独生子女	44	14.45	3.58	1.132	0.258
	非独生子女	524	13.89	3.13		

表 4-49 表明，独生子女和非独生子女少数民族初中生在积极认知上未显示出显著的差异，但是独生子女少数民族初中生在积极认知上的平均数比非独生子女少数民族初中生的平均数要高些。

（二）少数民族初中生积极认知的家庭居住地差异分析

以积极认知为因变量，对分别来自城区、乡镇和乡村的少数民族初中生积极认知进行描述统计和单因素方差分析。结果如表 4-50 所示。

表 4-50　少数民族初中生积极认知的家庭居住地差异

因变量	家庭居住	N	均值	标准差	极小值	极大值	F	p
积极认知	城区	19	14.21	4.16	8.00	20.00	0.354	0.702
	乡镇	123	14.11	3.20	4.00	20.00		
	农村	426	13.87	3.12	4.00	20.00		

表 4-50 表明，来自不同家庭居住地的少数民族初中生在积极认知上不存在显著的差异，不同家庭居住地的少数民族初中生的积极认知差异不大。以不同家庭居住地留守初中生的积极认知平均值为纵轴，家庭居住地为横轴绘制均值图以观测不同家庭居住地少数民族初中生积极认知总体的变化情况，不同家庭居住地少数民族初中生的积极认知变化趋势如图 4-29 所示。

图 4-29 得到不同家庭居住地少数民族初中生的积极认知，总体上虽然来自不同家庭居住地的少数民族初中生在积极认知上不存在显著的差异，但是从积极认知的均值变化趋势图来看，家庭居住地为城区的少数民族初中生其积极认知最高，其次是家庭居住地为乡镇的少数民族初中生，而家庭居住地为农村的少数民族初中生积极认知最低。

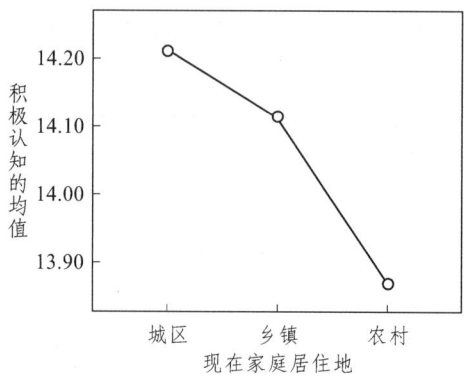

图 4-29 不同家庭居住地少数民族初中生积极认知均值变化趋势图

(三) 不同家庭经济状况少数民族初中生的积极认知差异分析

为了深入了解家庭经济状况对少数民族初中生积极认知的影响,以少数民族初中生的家庭经济状况为自变量,以积极认知为因变量进行描述统计和单因素方差分析,结果见表 4-51 所示。

表 4-51 不同家庭经济状况少数民族初中生积极认知的单因素方差分析

因变量	家庭经济状况	N	均值	标准差	极小值	极大值	F	p
积极认知	较好	54	13.41	2.78	8.00	20.00	0.645	0.586
	一般	382	13.95	3.25	4.00	20.00		
	较差	106	14.09	3.21	4.00	20.00		
	贫穷	26	14.19	2.56	10.00	20.00		

表 4-51 的分析结果表明不同家庭经济状况的少数民族初中生在积极认知上不存在显著的差异,不同家庭经济状况少数民族初中生在积极认知上的变化不大。以不同家庭经济状况少数民族初中生积极认知平均值为纵轴,家庭经济状况为横轴绘制均值图以观测不同家庭经济状况少数民族初中生积极认知的基本变化趋势,具体变化情况如图 4-30 所示。

图 4-30 得到虽然不同家庭经济状况的少数民族初中生在积极认知上不存在显著的差异,但是从积极认知在家庭经济状况上的均值变化趋势图来看,家庭经济状况贫穷的少数民族初中生其积极认知最高,而家庭经济状况较好的少数民族初中生积极认知最低。

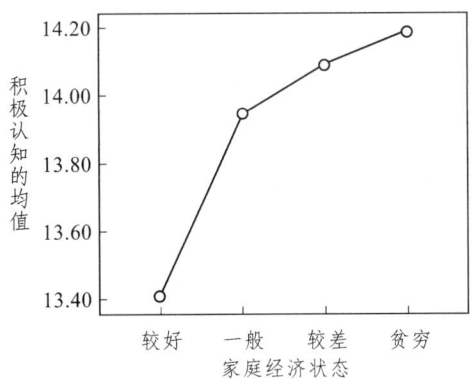

图 4-30　不同家庭经济状况少数民族初中生积极认知均值变化趋势图

（四）不同家庭氛围少数民族初中生积极认知的差异分析

为了深入分析家庭氛围对少数民族初中生积极认知的影响情况，以积极认知为因变量，家庭氛围为自变量进行描述统计和单因素方差分析，结果见表 4-52 所示。

表 4-52　不同家庭氛围少数民族初中生积极认知的单因素方差分析

因变量	家庭氛围	N	均值	标准差	极小值	极大值	F	P
积极认知	非常融洽	215	13.89	3.20	4.00	20.00	1.034	0.356
	比较融洽	311	14.05	3.16	4.00	20.00		
	经常吵架	42	13.31	3.11	8.00	20.00		

表 4-52 的分析结果表明不同家庭氛围少数民族初中生在积极认知上不存在显著的差异，不同家庭氛围的少数民族初中生其积极认知表现出的差异不大。以不同家庭氛围少数民族初中生的积极认知平均值为纵轴，家庭氛围为横轴绘制均值图以观测不同家庭氛围少数民族初中生产生的变化情况，具体的变化趋势如图 4-31 所示。

图 4-31 得到在不同家庭氛围中成长起来的少数民族初中生积极认知的变化趋势，虽然不同家庭氛围少数民族初中生在积极认知上不存在显著的差异，但是家庭氛围比较融洽的少数民族初中生其积极认知最高，而家庭氛围为经常吵架的少数民族初中生其积极认知最低。

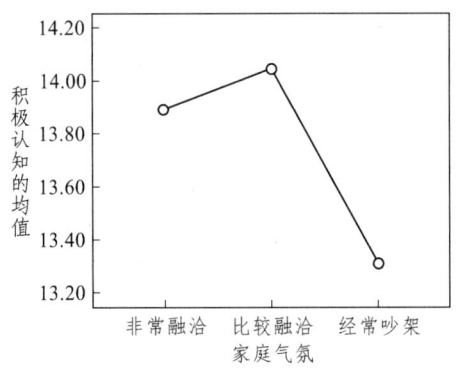

图 4-31　不同家庭氛围少数民族初中生积极认知均值变化趋势图

（五）少数民族初中生积极认知在不同父亲文化程度上的差异分析

为了深入分析父亲文化程度对少数民族初中生积极认知的影响，以少数民族初中生积极认知为因变量，父亲文化程度为自变量进行描述统计和单因素方差分析，结果见表4-53所示。

表 4-53　不同父亲文化程度少数民族初中生积极认知的单因素方差分析

因变量	父亲文化程度	N	均值	标准差	极小值	极大值	F	p
积极认知	未上过学	17	13.88	2.71	9.00	19.00	3.061	0.016
	小学	210	13.35	2.96	4.00	20.00		
	初中	254	14.35	3.37	4.00	20.00		
	高中	57	14.26	2.84	9.00	20.00		
	大专以上	30	13.90	3.26	8.00	20.00		

表4-53的分析结果表明父亲文化程度不同的少数民族初中生在积极认知上存在显著的差异，父亲文化程度不同的少数民族初中生在积极认知上的变化较大，即父亲文化程度对少数民族初中生的积极认知影响较大。以父亲文化程度不同的少数民族初中生的积极认知平均值为纵轴，父亲文化程度为横轴绘制均值图以观测不同父亲文化程度少数民族初中生积极认知的变化趋势，具体情况如图4-32所示。

图4-32得到在不同父亲文化程度的少数民族初中生的积极认知中，父亲文化为初中的少数民族初中生其积极认知最高，而父亲文化为小学的少数民族初中生其积极认知最低。为了具体了解不同父亲文化程度少

数民族初中生在积极认知上的具体差异情况，对不同父亲文化程度少数民族初中生积极认知进行多重事后检验，具体分析结果见表4-54。

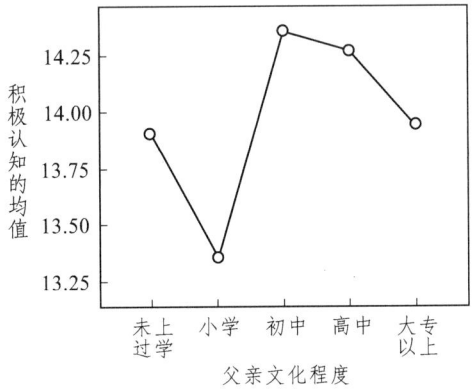

图4-32　不同父亲文化程度少数民族初中生积极认知均值变化趋势图

表4-54　不同父亲文化程度少数民族初中生积极认知的两两事后比较分析

因变量	（I）父亲文化程度	（J）父亲文化程度	均值差（I-J）	标准误	显著性
积极认知	未上过学	小学	0.53	0.79	0.505
		初中	-0.47	0.79	0.553
		高中	-0.38	0.87	0.662
		大专以上	-0.02	0.96	0.985
	小学	初中	-1.00	0.29	0.001
		高中	-0.91	0.47	0.053
		大专以上	-0.55	0.61	0.373
	初中	高中	0.09	0.46	0.850
		大专以上	0.45	0.61	0.459
	高中	大专以上	0.36	0.71	0.609

表4-54的多重事后检验表明，在积极认知上，父亲文化程度为初中的少数民族初中生其积极认知要显著高于父亲文化程度为小学的少数民族初中生。

（六）少数民族初中生积极认知在不同母亲文化程度上的差异分析

为了深入分析母亲文化程度对少数民族初中生积极认知的影响情

况，以积极认知为因变量，母亲文化程度为自变量进行描述统计和单因素方差分析，结果见表 4-55 所示。

表 4-55　不同母亲文化程度少数民族初中生积极认知的单因素方差分析

因变量	母亲文化程度	N	均值	标准差	极小值	极大值	F	p
积极认知	未上过学	142	13.23	3.04	4.00	20.00	2.730	0.028
	小学	240	14.10	3.16	4.00	20.00		
	初中	152	14.38	3.26	5.00	20.00		
	高中	25	13.76	3.14	9.00	20.00		
	大专以上	9	13.56	2.70	10.00	19.00		

表 4-55 的分析结果表明不同母亲文化程度的少数民族初中生积极认知存在显著的差异，母亲文化程度不同对少数民族初中生积极认知影响较大。以不同母亲文化程度少数民族初中生积极认知平均值为纵轴，母亲文化程度为横轴绘制均值图以观测不同母亲文化程度少数民族初中生积极认知的变化趋势，如图 4-33 所示。

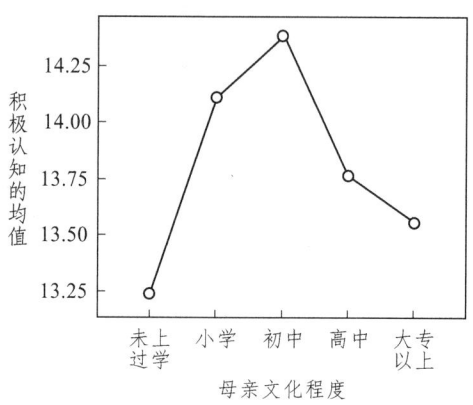

图 4-33　不同母亲文化程度少数民族初中生积极认知均值变化趋势图

图 4-33 得到在不同母亲文化程度的少数民族初中生的积极认知中，母亲文化为初中的少数民族初中生其积极认知最高，而母亲从未上过学的少数民族初中生其积极认知最低。为了具体了解不同父亲文化程度少数民族初中生在积极认知上的具体差异情况，对不同父亲文化程度少数民族初中生积极认知进行多重事后检验，具体分析结果见表 4-56。

表 4-56　不同母亲文化程度少数民族初中生积极认知的两两事后比较分析

因变量	（I）母亲文化程度	（J）母亲文化程度	均值差（I-J）	标准误	显著性
积极认知	未上过学	小学	-0.87	0.33	0.009
		初中	-1.14	0.37	0.002
		高中	-0.53	0.68	0.441
		大专以上	-0.32	1.08	0.766
	小学	初中	-0.27	0.33	0.407
		高中	0.34	0.66	0.604
		大专以上	0.55	1.07	0.608
	初中	高中	0.62	0.68	0.366
		大专以上	0.82	1.08	0.449
	高中	大专以上	0.20	1.23	0.868

表 4-56 的多重事后检验表明，在积极认知上，母亲文化程度为初中和小学的少数民族初中生其积极认知要显著高于母亲从未上过学的少数民族初中生的积极认知。

（七）不同留守情况少数民族初中生积极认知差异分析

为了深入分析留守情况对少数民族初中生积极认知的影响，首先分析少数民族留守初中生和非留守少数民族初中生在积极认知上的差异情况。然后以留守初中生为统计分析对象，以留守初中生的留守类型为自变量，再以留守初中生的积极认知为因变量进行方差检验。

1. 留守初中生与非留守初中生的积极认知差异分析

以积极认知为因变量，对留守初中生和非留守初中生进行独立样本 t 检验，结果如表 4-57 所示。

表 4-57　少数民族初中生积极认知的是否留守差异

因变量	留守与非留守	N	均值	标准差	t	p
积极认知	非留守	253	13.99	3.21	0.385	0.700
	留守	315	13.89	3.15		

表 4-57 表明，留守和非留守少数民族初中生在积极认知上不存在显著差异，留守家庭因素并没有对少数民族初中生的积极认知产生具体的

较大的影响。

2. 不同留守类型留守初中生的积极认知差异分析

为了深入了解留守情况对留守少数民族初中生积极认知产生的具体影响，分析不同留守类型对留守少数民族初中生在积极认知上的具体差异。以留守少数民族初中生的积极认知为因变量，留守类型为自变量进行描述统计和单因素方差分析，结果见表4-58所示。

表4-58 不同留守类型少数民族初中生积极认知的单因素方差分析

因变量	留守类型	N	均值	标准差	极小值	极大值	F	p
积极认知	父亲外出	88	14.13	3.32	4.00	20.00	1.779	0.170
	母亲外出	35	12.97	2.81	7.00	20.00		
	均外出	192	13.95	3.11	4.00	20.00		

表4-58的分析结果表明不同留守类型的留守少数民族初中生在积极认知上不存在显著的差异，也就是说，留守类型对留守少数民族初中生的积极认知影响不大。以不同留守少数民族初中生的积极认知平均值为纵轴，留守类型为横轴绘制均值图以观测不同留守类型留守少数民族初中生的积极认知的变化趋势，如图4-34所示。

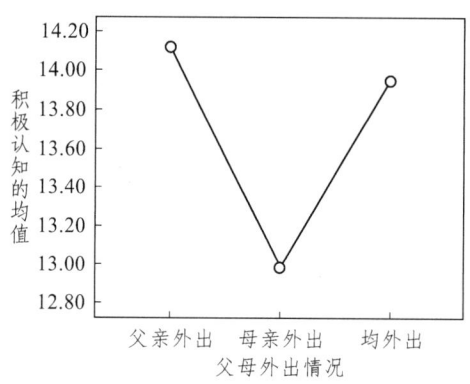

图4-34 不同留守类型留守少数民族初中生积极认知均值变化趋势图

由图4-34所示，留守少数民族初中生的积极认知在不同留守类型上不存在显著差异，但是从均值变化趋势图来看，母亲外出的留守少数民族初中生其积极认知是最低的。

（八）少数民族初中生积极认知在与父亲关系状况上的差异分析

为了深入分析与父亲关系状况对少数民族初中生积极认知的影响，以少数民族初中生积极认知为因变量，与父亲关系为自变量进行描述统计和单因素方差分析，结果见表4-59所示。

表4-59 与父亲关系不同的少数民族初中生积极认知的单因素方差分析

因变量	与父亲关系	N	均值	标准差	极小值	极大值	F	P
积极认知	关系紧张	41	13.59	2.61	8.00	20.00	2.685	0.069
	关系一般	220	13.60	3.07	4.00	20.00		
	关系融洽	307	14.22	3.29	4.00	20.00		

表4-59的分析结果表明与父亲关系不同的少数民族初中生在积极认知上不存在显著的差异，不同的与父亲关系状况对少数民族初中生的积极认知影响不大。以不同的与父亲关系状况少数民族初中生的积极认知平均值为纵轴，与父亲关系状况为横轴绘制均值图以观测与父亲关系状况不同的少数民族初中生积极认知的变化趋势，具体情况如图4-35所示。

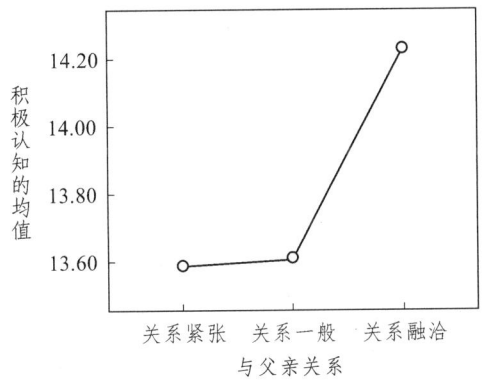

图4-35 与父亲关系状况不同的少数民族初中生积极认知均值变化趋势图

图4-35得到在与父亲关系不同的少数民族初中生的积极认知中，与父亲关系融洽的少数民族初中生其积极认知最高。

（九）少数民族初中生积极认知在与母亲关系状况上的差异分析

为了深入分析与母亲关系状况对少数民族初中生积极认知的影响，以少数民族初中生积极认知为因变量，与母亲关系为自变量进行描述统计和单因素方差分析，结果见表 4-60 所示。

表 4-60　与母亲关系不同的少数民族初中生积极认知的单因素方差分析

因变量	与母亲关系	N	均值	标准差	极小值	极大值	F	p
积极认知	关系紧张	27	13.00	3.31	7.00	20.00	4.301	0.014
	关系一般	182	13.51	2.93	4.00	20.00		
	关系融洽	359	14.22	3.25	4.00	20.00		

表 4-60 的分析结果表明与母亲关系不同的少数民族初中生在积极认知上存在显著的差异，即不同的与母亲关系状况对少数民族初中生的积极认知影响较大。以不同的与母亲关系状况少数民族初中生的积极认知平均值为纵轴，与母亲关系状况为横轴绘制均值图以观测与母亲关系状况不同的少数民族初中生积极认知的变化趋势，具体情况如图 4-36 所示。

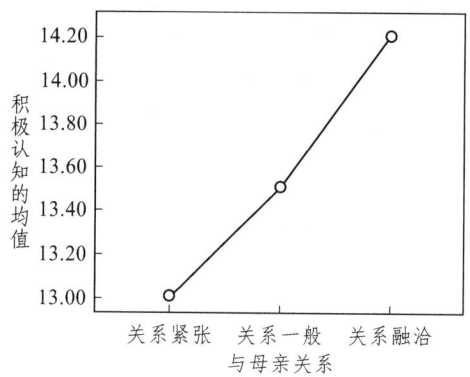

图 4-36　与母亲关系状况不同的少数民族初中生积极认知均值变化趋势图

图 4-36 得到在与母亲关系不同的少数民族初中生的积极认知中，从积极认知的均值变化趋势图来看，与母亲关系融洽的少数民族初中生其积极认知是最高的。为了具体了解不同的与母亲关系状况的少数民族初中生在积极认知上的具体差异情况，对与母亲关系不同的少数民族初中生的积极认知进行多重事后检验，具体分析结果见表 4-61。

表 4-61　不同母亲关系状况的少数民族初中生积极认知的两两事后比较分析

因变量	（I）与父亲关系	（J）与父亲关系	均值差（I-J）	标准误	显著性
积极认知	关系紧张	关系一般	-0.51	0.65	0.432
		关系融洽	-1.22	0.63	0.053
	关系一般	关系融洽	-0.71	0.29	0.014

表 4-61 的多重事后检验表明,与母亲关系融洽的少数民族初中生其积极认知要高于与母亲关系一般的少数民族初中生的情绪控制。

第四节 贵州少数民族初中生心理韧性的家庭支持研究

一、贵州少数民族初中生家庭支持的基本状况

(一)贵州少数民族初中生家庭支持的总体情况

通过描述统计对贵州少数民族初中生家庭支持的总体情况及题平均得分进行分析,基本状况如表 4-62 所示。

表 4-62 贵州少数民族初中生家庭支持的基本状况

	Min	Max	平均值	标准差	每题平均得分
家庭支持	9.00	29.00	19.83	3.75	3.31

表 4-62 表明,贵州少数民族初中生家庭支持的总体情况居于中等水平。

根据少数民族初中生家庭支持的总分绘制柱形分布图,结果如图 4-37 所示。

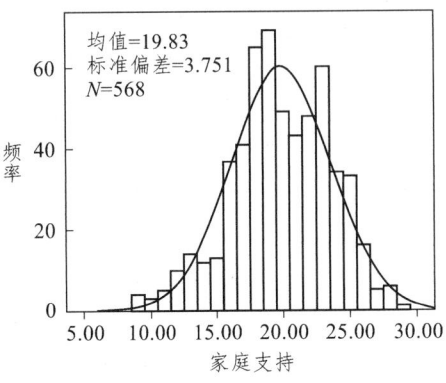

图 4-37 贵州少数民族初中生家庭支持的分布图

从图 4-37 贵州少数民族初中生家庭支持的总体分布图表明,少数民

族初中生家庭支持属于正态分布，大多数的少数民族初中生属于中等水平的家庭支持。

（二）少数民族初中生家庭支持在性别上的差异分析

以家庭支持为因变量，性别为自变量对少数民族家庭支持进行独立样本 t 检验，结果如表4-63所示。

表4-63　少数民族初中生家庭支持的性别差异

因变量	性别	N	均值	标准差	t	p
家庭支持	男	283	19.67	3.13	-0.988	0.323
	女	285	19.99	3.21		

表4-63表明，贵州少数民族初中生家庭支持不存在显著的性别差异。

二、学校因素对贵州少数民族初中生家庭支持的影响分析

（一）不同年级少数民族初中生的家庭支持差异分析

为了探讨不同年级少数民族初中生的家庭支持差异，以家庭支持为因变量，年级为自变量进行描述统计和单因素方差分析，结果见表4-64所示。

表4-64　不同年级少数民族初中生家庭支持的单因素方差分析

因变量	年级	N	均值	标准差	极小值	极大值	F	p
家庭支持	七年级	148	19.05	3.76	9.00	29.00	5.462	0.004
	八年级	264	19.90	3.62	9.00	28.00		
	九年级	156	20.46	3.85	9.00	28.00		

表4-64的分析结果表明不同年级的少数民族初中生在家庭支持上存在显著差异，不同年级的少数民族初中生在家庭支持上的变化较大，即不同年级对少数民族初中生的家庭支持总体影响较大。以不同年级的少数民族初中生的家庭支持平均值为纵轴，年级为横轴绘制均值图以观测不同年级少数民族初中生家庭支持的变化趋势，具体变化情况如图4-38所示。

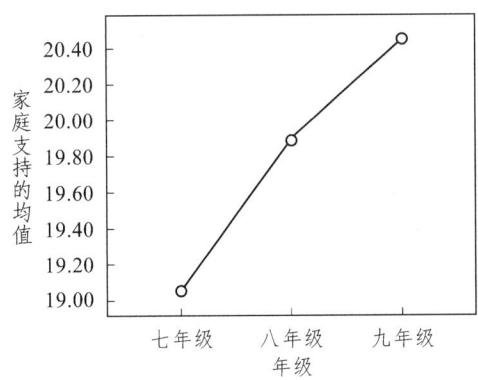

图 4-38 不同年级少数民族初中生家庭支持均值变化趋势图

由图 4-38 得到各年级少数民族初中生的家庭支持，总体上九年级的少数民族初中生家庭支持最高，而八年级的少数民族初中生家庭支持处于中等，七年级的少数民族初中生家庭支持最低。为了具体了解各年级少数民族初中生在家庭支持上的具体差异情况，对各年级少数民族初中生家庭支持进行多重事后检验，具体分析结果见表 4-65。

表 4-65　不同年级少数民族初中生家庭支持的两两事后比较分析

因变量	（I）年级	（J）年级	均值差（I-J）	标准误	显著性
家庭支持	七年级	八年级	-0.84	0.38	0.028
		九年级	-1.40	0.43	0.001
	八年级	九年级	-0.55	0.38	0.139

表 4-65 的多重事后检验表明，在家庭支持上，八年级和九年级的少数民族初中生其家庭支持要显著高于七年级的少数民族初中生的家庭支持。

（二）是否担任班干部少数民族初中生的家庭支持差异分析

以家庭支持为因变量，是否担任班干部为自变量对少数民族初中生家庭支持进行独立样本 t 检验。结果如表 4-66 所示。

表 4-66　少数民族初中生家庭支持在是否担任班干部上的差异分析

因变量	是否担任班干部	N	均值	标准差	t	p
家庭支持	未担任班干部	343	19.84	3.64	-0.091	0.928
	班干部	225	19.81	3.92		

表 4-66 表明,担任班干部和未担任班干部的少数民族初中生在家庭支持上不存在显著差异。

(三)不同学习成绩水平少数民族初中生的家庭支持差异分析

为了分析学习成绩水平对贵州省少数民族初中生家庭支持的影响情况,以家庭支持总分为因变量,学习成绩水平为自变量进行描述统计和单因素方差分析,结果见表 4-67 所示。

表 4-67 不同学习成绩少数民族初中生家庭支持的单因素方差分析

因变量	学习成绩	N	平均数	标准差	极大值	极小值	F	p
家庭支持	好	28	22.21	3.90	13.00	29.00	8.032	0.000
	中	472	19.83	3.72	9.00	28.00		
	差	68	18.88	3.50	10.00	28.00		

表 4-67 的分析结果表明不同学习成绩水平的少数民族初中生在家庭支持上存在显著的差异,不同学习成绩少数民族初中生的家庭支持表现出不一样的特点,并且不同学习成绩水平之间初中生的家庭支持差异较大。以不同学习成绩学生的家庭支持总分平均值为纵轴,学习成绩水平为横轴绘制均值图以观测不同学习成绩水平少数民族初中生家庭支持总体的变化情况,不同学习成绩少数民族初中生的家庭支持变化趋势如图 4-39 所示。

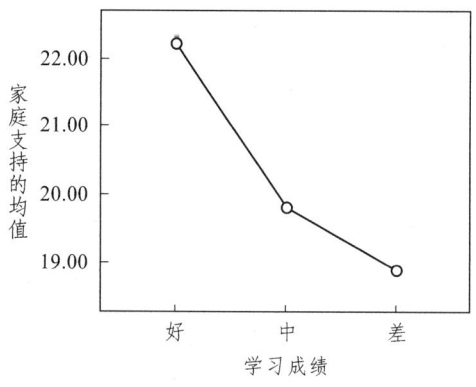

图 4-39 不同学习成绩少数民族初中生家庭支持均值变化趋势图

图 4-39 得到各学习成绩水平少数民族初中生的家庭支持上，成绩差的少数民族初中生家庭支持最低，而成绩中等的少数民族初中生家庭支持处于中等，成绩好的少数民族初中生家庭支持最高，也就是说随着学习成绩的提高，家庭支持也跟着提升。为具体了解不同学习成绩水平少数民族初中生在家庭支持上的具体差异情况，对各学习成绩水平少数民族初中生家庭支持进行多重事后检验，具体分析结果见表 4-68。

表 4-68　不同学习成绩少数民族初中生家庭支持的两两事后比较分析

因变量	（I）学习成绩	（J）学习成绩	均值差（I-J）	标准误	显著性
家庭支持	好	中	2.38	0.61	0.001
	好	差	3.33	0.70	0.000
	中	差	0.94	0.41	0.050

表 4-68 的多重事后检验表明，在家庭支持上，学习成绩好的少数民族初中生其家庭支持要显著高于学习成绩中等的和学习成绩差的少数民族初中生的家庭支持，同时学习成绩中等的少数民族初中生的家庭支持要显著高于学习成绩差的少数民族初中生的家庭支持。

（四）不同学习压力少数民族初中生的家庭支持差异分析

以家庭支持为因变量，学习压力情况为自变量对少数民族初中生家庭支持进行描述统计和单因素方差分析，结果如表 4-69 所示。

表 4-69　不同学习压力少数民族初中生的家庭支持差异

因变量	学习压力	N	均值	标准差	极小值	极大值	F	显著
家庭支持	几乎没有	37	19.16	3.89	9.00	26.00	0.822	0.440
	压力较小	271	19.78	3.57	9.00	29.00		
	压力很大	260	19.98	3.91	9.00	28.00		

表 4-69 表明，不同学习压力的少数民族初中生在家庭支持上没有显著差异，也就是说不同学习压力水平之间的少数民族初中生其家庭支持的差异比较小。以不同学习压力少数民族初中生的家庭支持总分平均值为纵轴，学习压力水平为横轴，绘制均值图以观测不同学习压力水平少数民族初中生家庭支持总体的变化情况，不同学习压力初中生家庭支持

变化趋势如图 4-40 所示。

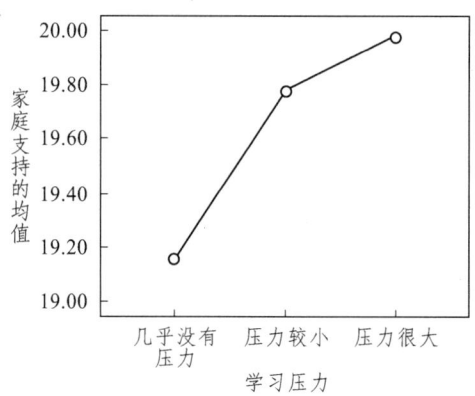

图 4-40 不同学习压力少数民族初中生家庭支持均值变化趋势图

图 4-40 得到各学习压力少数民族初中生的家庭支持不存在显著差异，但从少数民族初中生在不同学习压力上的均值变化趋势图可以看出，学习压力很大的少数民族初中生其家庭支持最高，而压力较小的少数民族初中生其家庭支持相对居中，几乎没有学习压力的少数民族初中生其家庭支持相对最低。

三、家庭因素对少数民族初中生家庭支持的影响分析

（一）是否独生子女少数民族初中生的家庭支持差异分析

以家庭支持为因变量，是否独生子女为自变量对少数民族初中生的家庭支持进行独立样本 t 检验，结果如表 4-70 所示。

表 4-70 少数民族初中生家庭支持的是否独生子女差异

因变量	是否独生子女	N	均值	标准差	t	p
家庭支持	独生子女	44	19.52	4.28	-0.567	0.571
	非独生子女	524	19.86	3.71		

表 4-70 表明，独生子女和非独生子女少数民族初中生在家庭支持上未显示出有显著的差异，但是非独生子女少数民族初中生在家庭支持上的平均数比独生子女少数民族初中生的平均数要略高些。

（二）少数民族初中生家庭支持的家庭居住地差异分析

以家庭支持为因变量，对分别来自城区、乡镇和乡村的少数民族初中生家庭支持进行描述统计和单因素方差分析，结果如表 4-71 所示。

表 4-71　少数民族初中生家庭支持的家庭居住地差异

因变量	家庭居住地	N	均值	标准差	极小值	极大值	F	p
家庭支持	城区	19	18.74	3.57	14.00	25.00	0.900	0.407
	乡镇	123	19.98	3.94	10.00	29.00		
	农村	426	19.84	3.70	9.00	28.00		

表 4-71 表明，来自不同家庭居住地的少数民族初中生在家庭支持上不存在显著的差异，不同家庭居住地的少数民族初中生的家庭支持差异不大。以不同家庭居住地留守初中生的家庭支持平均值为纵轴，家庭居住地为横轴绘制均值图以观测不同家庭居住地少数民族初中生家庭支持总体的变化情况，不同家庭居住地少数民族初中生的家庭支持变化趋势如图 4-41 所示。

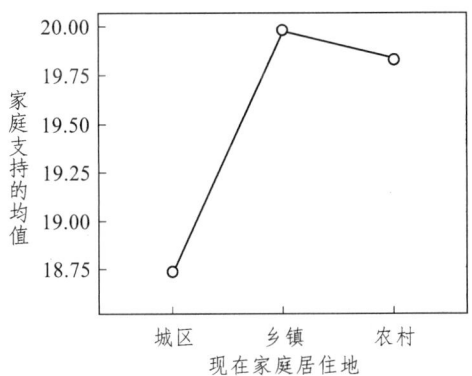

图 4-41　不同家庭居住地少数民族初中生家庭支持均值变化趋势图

图 4-41 得到不同家庭居住地少数民族初中生的家庭支持，总体上虽然来自不同家庭居住地的少数民族初中生在家庭支持上不存在显著的差异，但是从家庭支持的均值变化趋势图来看，家庭居住地为城区的少数民族初中生其家庭支持最低。

（三）家庭经济状况不同的少数民族初中生的家庭支持差异分析

为了深入了解家庭经济状况对少数民族初中生家庭支持的影响，以少数民族初中生的家庭经济状况为自变量，以家庭支持为因变量进行描述统计和单因素方差分析，结果见表4-72。

表4-72　不同家庭经济状况少数民族初中生家庭支持的单因素方差分析

因变量	家庭经济状况	N	均值	标准差	极小值	极大值	F	p
家庭支持	较好	54	18.56	4.48	9.00	27.00	3.368	0.018
	一般	382	20.12	3.71	9.00	29.00		
	较差	106	19.63	3.50	11.00	27.00		
	贫穷	26	19.04	3.04	13.00	24.00		

表4-72的分析结果表明不同家庭经济状况的少数民族初中生在家庭支持上存在显著的差异，不同家庭经济状况少数民族初中生在家庭支持上的变化较大。以不同家庭经济状况少数民族初中生家庭支持平均值为纵轴，家庭经济状况为横轴绘制均值图以观测不同家庭经济状况少数民族初中生家庭支持的基本变化趋势，具体变化情况如图4-42所示。

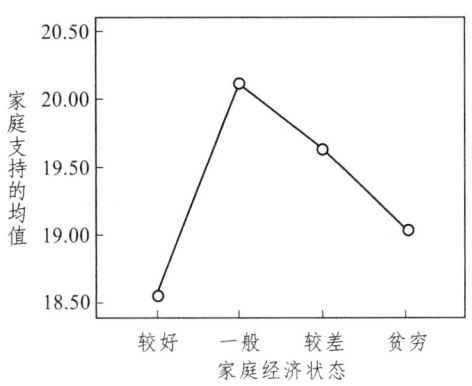

图4-42　家庭经济状况不同的少数民族初中生家庭支持均值变化趋势图

图4-42得到在家庭经济状况不同的少数民族初中生的家庭支持中，家庭经济状况一般的少数民族初中生其家庭支持最高，而家庭经济状况较好的少数民族初中生家庭支持最低。为了具体了解不同家庭经济状况少数民族初中生在家庭支持上的具体差异情况，对各家庭经济状况不同

的少数民族初中生家庭支持进行多重事后检验,具体分析结果见表4-73。

表4-73 不同家庭经济状况少数民族初中生家庭支持的两两事后比较分析

因变量	(I)家庭经济状况	(J)家庭经济状况	均值差（I-J）	标准误	显著性
家庭支持	较好	一般	-1.56	0.54	0.004
		较差	-1.08	0.62	0.085
		贫穷	-0.48	0.89	0.588
	一般	较差	0.49	0.41	0.233
		贫穷	1.08	0.76	0.153
	较差	贫穷	0.59	0.82	0.467

表4-73的多重事后检验表明,在家庭支持上,家庭经济状况一般的少数民族初中生其家庭支持要显著高于家庭经济状况较好的少数民族初中生的家庭支持。

（四）不同家庭氛围少数民族初中生的家庭支持差异分析

为了深入分析家庭氛围对少数民族初中生家庭支持的影响情况,以家庭支持为因变量,家庭氛围为自变量进行描述统计和单因素方差分析,结果见表4-74所示。

表4-74 不同家庭氛围少数民族初中生家庭支持的单因素方差分析

因变量	家庭氛围	N	均值	标准差	极小值	极大值	F	P
家庭支持	非常融洽	215	20.64	3.49	10.00	29.00	14.377	0.000
	比较融洽	311	19.59	3.72	9.00	28.00		
	经常吵架	42	17.50	4.12	11.00	28.00		

表4-74的分析结果表明不同家庭氛围少数民族初中生在家庭支持上存在显著的差异,不同家庭氛围的少数民族初中生其家庭支持表现出的差异较大。以不同家庭氛围少数民族初中生的家庭支持平均值为纵轴,家庭氛围为横轴绘制均值图以观测不同家庭氛围少数民族初中生家庭支持的变化情况,具体的变化趋势如图4-43所示。

图4-43得到不同家庭氛围中成长起来的少数民族初中生家庭支持的变化趋势,随着家庭氛围由融洽变为糟糕,少数民族初中生的家庭支持也逐渐降低,也就是说家庭氛围最和谐、非常融洽的少数民族初中生其

家庭支持最高，其次是家庭氛围比较融洽的少数民族初中生，而家庭氛围为经常吵架的少数民族初中生其家庭支持最低。为了具体了解不同家庭氛围少数民族初中生在家庭支持上的具体差异情况，对不同家庭氛围少数民族初中生的家庭支持进行多重事后检验，具体分析结果见表4-75。

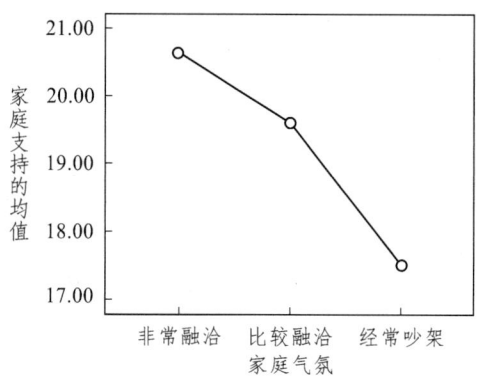

图4-43　不同家庭氛围少数民族初中生家庭支持均值变化趋势图

表4-75　不同家庭氛围少数民族初中生家庭支持的两两事后比较分析

因变量	（I）家庭气氛	（J）家庭气氛	均值差（I-J）	标准误	显著性
家庭支持	非常融洽	比较融洽	1.05	0.33	0.001
		经常吵架	3.14	0.62	0.000
	比较融洽	经常吵架	2.09	0.60	0.001

表4-75的多重事后检验表明，在家庭支持上，家庭氛围非常融洽的少数民族初中生其家庭支持显著高于家庭氛围比较融洽和经常吵架的少数民族初中生，而家庭氛围比较融洽的少数民族初中生其家庭支持要显著高于家庭氛围是经常吵架的少数民族初中生。在不同家庭氛围的少数民族初中生中，家庭氛围非常融洽的少数民族初中生家庭支持是最高的。

（五）不同父亲文化程度少数民族初中生的家庭支持差异分析

为了深入分析父亲文化程度对少数民族初中生家庭支持的影响，以少数民族初中生家庭支持为因变量，父亲文化程度为自变量进行描述统计和单因素方差分析，结果见表4-76所示。

表 4-76　不同父亲文化程度少数民族初中生家庭支持的单因素方差分析

因变量	父亲文化程度	N	均值	标准差	极小值	极大值	F	p
家庭支持	未上过学	17	18.82	3.99	13.00	26.00	0.594	0.667
	小学	210	19.90	3.60	10.00	28.00		
	初中	254	19.92	3.77	9.00	29.00		
	高中	57	19.37	3.99	11.00	27.00		
	大专以上	30	20.00	4.11	12.00	27.00		

表 4-76 的分析结果表明不同父亲文化程度的少数民族初中生在家庭支持上不存在显著的差异，不同父亲文化程度少数民族初中生在家庭支持上的变化不大，即父亲文化程度对少数民族初中生的家庭支持影响不大。以不同父亲文化程度少数民族初中生的家庭支持平均值为纵轴，父亲文化程度为横轴绘制均值图以观测不同父亲文化程度少数民族初中生家庭支持的变化趋势，具体情况如图 4-44 所示。

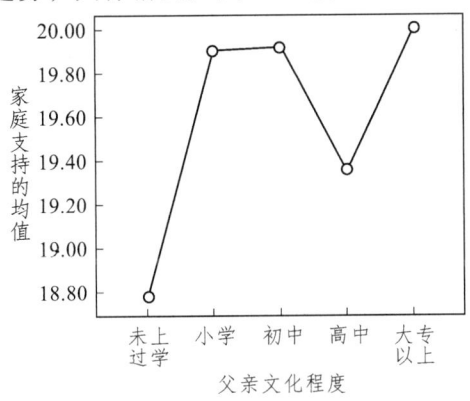

图 4-44　不同父亲文化程度少数民族初中生家庭支持均值变化趋势图

图 4-44 得到在不同父亲文化程度的少数民族初中生的家庭支持中，虽然不同父亲文化程度的少数民族初中生在家庭支持上不存在显著的差异，但是从家庭支持的均值变化趋势图来看，父亲文化程度为大专以上的少数民族初中生其家庭支持最高，而父亲从未上过学的少数民族初中生其家庭支持最低。

（六）不同母亲文化程度少数民族初中生家庭支持差异分析

为了深入分析母亲文化程度对少数民族初中生家庭支持的影响情

况，以家庭支持为因变量，母亲文化程度为自变量进行描述统计和单因素方差分析，结果见表 4-77 所示。

表 4-77　不同母亲文化程度少数民族初中生家庭支持的单因素方差分析

因变量	母亲文化程度	N	均值	标准差	极小值	极大值	F	p
家庭支持	未上过学	142	19.72	3.62	11.00	28.00	1.228	0.298
	小学	240	20.20	3.66	9.00	28.00		
	初中	152	19.38	3.84	9.00	29.00		
	高中	25	19.52	4.62	10.00	27.00		
	大专以上	9	20.22	3.80	15.00	27.00		

表 4-77 的分析结果表明不同母亲文化程度的少数民族初中生家庭支持上不存在显著的差异，母亲文化程度不同对少数民族初中生家庭支持影响不大。以不同母亲文化程度少数民族初中生家庭支持平均值为纵轴，母亲文化程度为横轴绘制均值图以观测不同母亲文化程度少数民族初中生家庭支持的变化趋势，如图 4-45 所示。

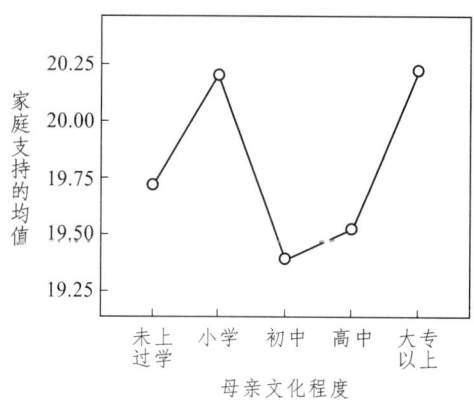

图 4-45　不同母亲文化程度少数民族初中生家庭支持均值变化趋势图

图 4-45 得到在不同母亲文化程度的少数民族初中生的家庭支持中，虽然不同母亲文化程度少数民族初中生在家庭支持上不存在显著的差异，但是从家庭支持的均值变化趋势图来看，母亲文化为初中的少数民族初中生其家庭支持最低。

（七）不同留守情况少数民族初中生家庭支持差异分析

为了深入分析留守情况对少数民族初中生家庭支持的影响，首先分析留守初中生和非留守少数民族初中生在家庭支持上的差异情况，然后以留守少数民族初中生为统计分析对象，以留守少数民族初中生的留守类型为自变量，再以留守少数民族初中生的家庭支持为因变量进行方差检验。

1. 留守初中生与非留守初中生家庭支持的差异分析

以家庭支持为因变量，对留守初中生和非留守初中生进行独立样本 t 检验，结果如表4-78所示。

表4-78　少数民族初中生家庭支持的是否留守差异

因变量	留守与非留守	N	均值	标准差	t	p
家庭支持	非留守	253	19.82	3.77	-0.073	0.942
	留守	315	19.84	3.74		

表4-78表明，留守和非留守少数民族初中生在家庭支持上不存在显著差异，留守家庭因素并没有对少数民族初中生的家庭支持产生具体的较大的影响。

2. 不同留守类型留守初中生家庭支持的差异分析

为了深入了解留守情况对留守少数民族初中生家庭支持产生的具体影响，分析不同留守类型对留守少数民族初中生在家庭支持上的具体差异，以留守少数民族初中生的家庭支持为因变量，留守类型为自变量进行描述统计和单因素方差分析，结果见表4-79所示。

表4-79　不同留守类型少数民族初中生家庭支持的单因素方差分析

因变量	留守类型	N	均值	标准差	极小值	极大值	F	p
家庭支持	父亲外出	88	19.51	3.48	10.00	27.00	6.242	0.002
	母亲外出	35	18.03	3.25	10.00	24.00		
	均外出	192	20.32	3.84	9.00	28.00		

表4-79的分析结果表明不同留守类型的留守少数民族初中生在家庭

支持上存在显著的差异,也就是说,留守类型对留守少数民族初中生的家庭支持影响较大。以不同留守少数民族初中生的家庭支持平均值为纵轴,留守类型为横轴绘制均值图以观测不同留守类型的民族初中生的家庭支持的变化趋势,如图4-46所示。

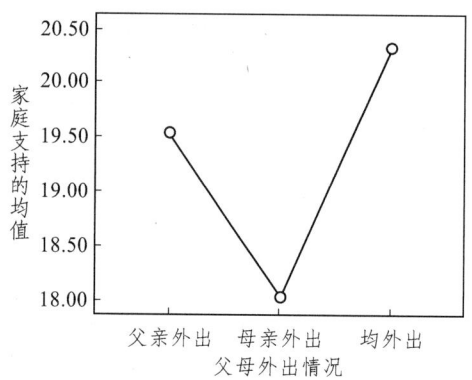

图4-46 不同留守类型的民族初中生家庭支持均值变化趋势图

由图4-46所示得到不同留守类型的少数民族初中生家庭支持的变化趋势,从家庭支持的均值变化趋势图来看,母亲外出的少数民族初中生其家庭支持是最低的。为了具体了解不同留守类型的少数民族初中生在家庭支持上的具体差异情况,对各留守类型的少数民族初中生的家庭支持进行多重事后检验,具体分析结果见表4-80。

表4-80 不同留守类型的少数民族初中生家庭支持的两两事后比较分析

因变量	(I)父母外出情况	(J)父母外出情况	均值差(I-J)	标准误	显著性
家庭支持	父亲外出	母亲外出	1.48	0.74	0.045
		均外出	-0.81	0.47	0.088
	母亲外出	均外出	-2.29	0.68	0.001

表4-80的多重事后检验表明,父亲外出或者父母亲均外出的少数民族初中生其家庭支持要高于母亲外出的少数民族初中生的家庭支持。

(八)少数民族初中生家庭支持在与父亲关系状况上的差异分析

为了深入分析与父亲关系状况对少数民族初中生家庭支持的影响,

以少数民族初中生家庭支持为因变量，与父亲关系为自变量进行描述统计和单因素方差分析，结果见表 4-81 所示。

表 4-81　与父亲关系不同的少数民族初中生家庭支持的单因素方差分析

因变量	与父亲关系	N	均值	标准差	极小值	极大值	F	P
家庭支持	关系紧张	41	19.12	3.84	9.00	28.00	20.409	0.000
	关系一般	220	18.72	3.76	9.00	28.00		
	关系融洽	307	20.72	3.51	10.00	29.00		

表 4-81 的分析结果表明与父亲关系不同的少数民族初中生在家庭支持上存在显著的差异，不同的与父亲关系状况对少数民族初中生的家庭支持影响较大。以不同的与父亲关系状况少数民族初中生的家庭支持平均值为纵轴，与父亲关系状况为横轴绘制均值图以观测与父亲关系状况不同的少数民族初中生家庭支持的变化趋势，具体情况如图 4-47 所示。

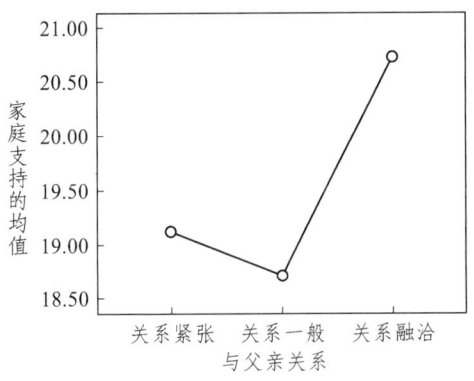

图 4-47　与父亲关系状况不同的少数民族初中生家庭支持均值变化趋势图

图 4-47 得到在与父亲关系不同的少数民族初中生的家庭支持中，与父亲关系融洽的少数民族初中生其家庭支持最高，而与父亲关系一般的和关系紧张的少数民族初中生家庭支持相对低一些。为了具体了解与父亲关系状况不同的少数民族初中生在家庭支持上的具体差异情况，对与父亲关系不同的少数民族初中生的家庭支持进行多重事后检验，具体分析结果见表 4-82。

表 4-82 与父亲关系状况不同的少数民族初中生家庭支持的两两事后比较分析

因变量	（I）与父亲关系	（J）与父亲关系	均值差（I-J）	标准误	显著性
家庭支持	关系紧张	关系一般	0.40	0.62	0.513
	关系紧张	关系融洽	-1.60	0.60	0.008
	关系一般	关系融洽	-2.00	0.32	0.000

表 4-82 的多重事后检验表明，与父亲关系融洽的少数民族初中生其家庭支持要高于与父亲关系紧张和关系一般的少数民族初中生的家庭支持。

（九）少数民族初中生家庭支持在与母亲关系状况上的差异分析

为了深入分析与母亲关系状况不同对少数民族初中生家庭支持的影响，以少数民族初中生家庭支持为因变量，与母亲关系为自变量进行描述统计和单因素方差分析，结果见表 4-83 所示。

表 4-83 与母亲关系不同的少数民族初中生家庭支持的单因素方差分析

因变量	与母亲关系	N	均值	标准差	极小值	极大值	F	p
家庭支持	关系紧张	27	19.15	3.16	12.00	26.00	20.722	0.000
	关系一般	182	18.47	3.87	9.00	28.00		
	关系融洽	359	20.57	3.53	9.00	29.00		

表 4-83 的分析结果表明与母亲关系不同的少数民族初中生在家庭支持上存在显著的差异，即不同的与母亲关系状况对少数民族初中生的家庭支持影响较大。以不同的与母亲关系状况少数民族初中生的家庭支持平均值为纵轴，与母亲关系状况为横轴绘制均值图以观测与母亲关系状况不同的少数民族初中生家庭支持的变化趋势，具体情况如图 4-48 所示。

图 4-48 得到在与母亲关系不同的少数民族初中生的家庭支持中，从家庭支持的均值变化趋势图来看，与母亲关系融洽的少数民族初中生其家庭支持是最高的。为了具体了解不同的与母亲关系状况的少数民族初中生在家庭支持上的具体差异情况，对与母亲关系不同的少数民族初中生的家庭支持进行多重事后检验，具体分析结果见表 4-84。

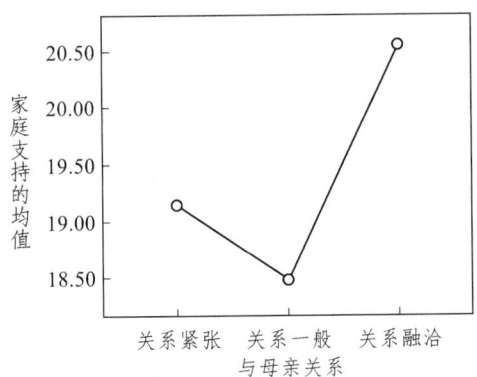

图 4-48　与母亲关系状况不同的少数民族初中生家庭支持均值变化趋势图

表 4-84　不同母亲关系状况的少数民族初中生家庭支持的两两事后比较分析

因变量	（I）与父亲关系	（J）与父亲关系	均值差（I-J）	标准误	显著性
家庭支持	关系紧张	关系一般	0.68	0.75	0.367
		关系融洽	-1.42	0.72	0.050
	关系一般	关系融洽	-2.10	0.33	0.000

表 4-84 的多重事后检验表明，与母亲关系融洽的少数民族初中生其家庭支持要高于与母亲关系一般的少数民族初中生的家庭支持。

第五节　贵州少数民族初中生心理韧性的人际协助研究

一、贵州少数民族初中生人际协助的基本状况

（一）贵州少数民族初中生人际协助的总体情况

通过描述统计对贵州少数民族初中生人际协助的总体情况及题平均得分进行分析，基本状况如表 4-85 所示。

表 4-85　贵州少数民族初中生人际协助的基本状况

	Min	Max	平均数	标准差	每题平均得分
人际协助	6.00	30.00	19.00	4.96	3.17

表 4-85 表明，贵州少数民族初中生人际协助的总体情况居于中等水平。根据少数民族初中生人际协助的总分绘制柱形分布图，结果如图 4-49 所示。

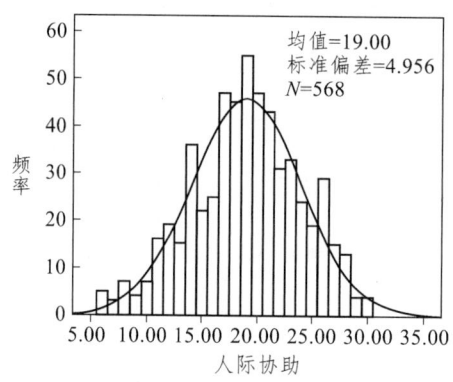

图 4-49　贵州少数民族初中生人际协助的分布图

图 4-49 贵州少数民族初中生人际协助的总体分布图表明，少数民族初中生人际协助属于正态分布，大多数的少数民族初中生人际协助属于中等水平。

（二）少数民族初中生人际协助在性别上的差异分析

以人际协助为因变量，性别为自变量对少数民族人际协助进行独立样本 t 检验，结果如表 4-86 所示。

表 4-86　少数民族初中生人际协助的性别差异

因变量	性别	N	均值	标准差	t	p
人际协助	男	283	18.74	4.63	-1.254	0.210
	女	285	19.26	5.251		

表 4-86 表明，贵州少数民族初中生人际协助不存在显著的性别差异。

二、学校因素对贵州少数民族初中生人际协助的影响分析

（一）不同年级少数民族初中生的人际协助差异分析

为了探讨不同年级少数民族初中生的人际协助差异，以人际协助为

因变量，年级为自变量进行描述统计和单因素方差分析，结果见表 4-87。

表 4-87　不同年级少数民族初中生人际协助的单因素方差分析

因变量	年级	N	均值	标准差	极小值	极大值	F	p
人际协助	七年级	148	18.49	4.84	6.00	30.00	1.111	0.330
	八年级	264	19.15	4.98	6.00	30.00		
	九年级	156	19.25	5.02	6.00	30.00		

表 4-87 的分析结果表明不同年级的少数民族初中生在人际协助上不存在显著差异，不同年级的少数民族初中生在人际协助上的变化不大，即不同年级对少数民族初中生的人际协助总体影响不大。以不同年级的少数民族初中生的人际协助平均值为纵轴，年级为横轴绘制均值图以观测不同年级少数民族初中生人际协助的基本变化趋势，具体变化情况如图 4-50 所示。

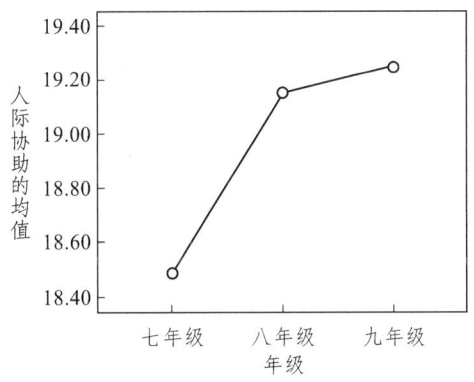

图 4-50　不同年级少数民族初中生人际协助均值变化趋势图

由图 4-50 得到各年级少数民族初中生的人际协助情况，虽然在不同年级上少数民族初中生的人际协助不存在显著差异，但是均值变化趋势仍表现出，九年级的少数民族初中生的人际协助最高，而七年级的少数民族初中生的人际协助最低。

（二）是否担任班干部少数民族初中生的人际协助差异分析

以人际协助为因变量，是否担任班干部为自变量对少数民族初中生人际协助进行独立样本 t 检验。结果如表 4-88 所示。

表 4-88　少数民族初中生人际协助在是否担任班干部上差异

因变量	是否担任班干部	N	均值	标准差	t	p
人际协助	未担任班干	343	18.76	4.83	-1.442	0.150
	班干	225	19.37	5.12		

表 4-88 表明，担任班干部和未担任班干部的少数民族初中生在人际协助上不存在显著差异。

（三）不同学习成绩水平少数民族初中生的人际协助差异分析

为了分析学习成绩水平对贵州省少数民族初中生人际协助的影响情况，以人际协助总分为因变量，学习成绩水平为自变量进行描述统计和单因素方差分析，结果见表 4-89 所示。

表 4-89　不同学习成绩少数民族初中生人际协助的单因素方差分析

因变量	学习成绩	N	平均数	标准差	极小值	极大值	F	p
人际协助	好	28	20.61	6.00	9.00	30.00	1.983	0.139
	中	472	19.00	4.90	6.00	30.00		
	差	68	18.40	4.83	6.00	29.00		

表 4-89 的分析结果表明不同学习成绩水平的少数民族初中生在人际协助上不存在显著的差异，说明不同学习成绩水平之间初中生的人际协助差异较小。以不同学习成绩学生的人际协助总分平均值为纵轴，学习成绩水平为横轴绘制均值图以观测不同学习成绩水平少数民族初中生人际协助总体的变化情况，不同学习成绩少数民族初中生的人际协助变化趋势如图 4-51 所示。

图 4-51 得到各学习成绩水平少数民族初中生的人际协助，虽然来自不同学习成绩的少数民族初中生在人际协助上不存在显著的差异，但是从人际协助的均值变化趋势图来看，成绩差的少数民族初中生人际协助最低，而成绩中等的少数民族初中生人际协助处于中等，成绩好的少数民族初中生人际协助最高。

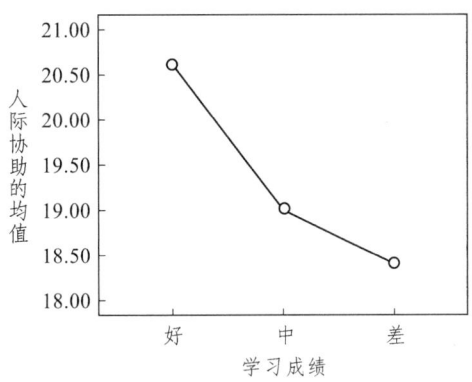

图 4-51　不同学习成绩少数民族初中生人际协助均值变化趋势图

（四）不同学习压力少数民族初中生的人际协助差异分析

以人际协助为因变量,学习压力情况为自变量对少数民族初中生人际协助进行描述统计和单因素方差分析。结果如表4-90所示。

表 4-90　少数民族初中生人际协助的不同学习压力差异

因变量	学习压力	N	均值	标准差	极小值	极大值	F	显著性
人际协助	几乎没有	37	19.11	4.49	8.00	27.00	2.618	0.074
	压力较小	271	19.48	4.61	6.00	30.00		
	压力很大	260	18.50	5.32	6.00	30.00		

表 4-90 表明,不同学习压力的少数民族初中生在人际协助上不存在显著差异,也就是说不同学习压力水平之间的少数民族初中生其人际协助的差异比较小。以不同学习压力少数民族初中生的人际协助总分平均值为纵轴,学习压力水平为横轴绘制均值图以观测不同学习压力水平少数民族初中生人际协助总体的变化情况,不同学习压力初中生人际协助变化趋势如图 4-52 所示。

图 4-52 得到各学习压力少数民族初中生的人际协助,虽然说不同学习压力的少数民族初中生在人际协助上不存在显著差异,但从少数民族初中生在不同学习压力上的均值变化趋势图可以看出,学习压力较小的少数民族初中生其人际协助最高,而学习压力很大的少数民族初中生其人际协助相对最低。

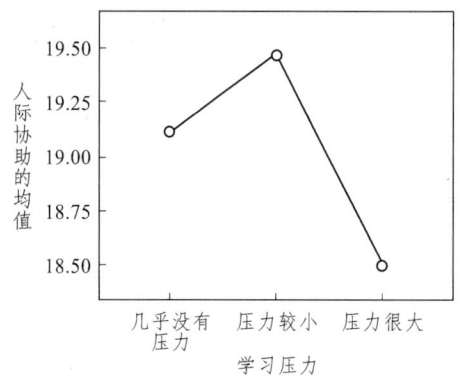

图 4-52 不同学习压力少数民族初中生人际协助均值变化趋势图

三、家庭因素对少数民族初中生人际协助的影响分析

（一）是否独生子女少数民族初中生的人际协助差异分析

以人际协助为因变量，是否独生子女为自变量对少数民族初中生的人际协助进行独立样本 t 检验，结果如表 4-91 所示。

表 4-91 少数民族初中生人际协助的是否独生子女差异

因变量	是否独生子女	N	均值	标准差	t	p
人际协助	独生子女	44	19.25	5.46	-0.343	0.732
	非独生子女	524	18.98	4.92		

表 4-91 表明，独生子女和非独生子女少数民族初中生在人际协助上未显示出有显著的差异，但是非独生子女少数民族初中生在人际协助上的均值比独生子女少数民族初中生的均值要略高些。

（二）少数民族初中生人际协助的家庭居住地差异分析

以人际协助为因变量，对分别来自城区、乡镇和乡村的少数民族初中生人际协助进行描述统计和单因素方差分析，结果如表 4-92 所示。

表 4-92 少数民族初中生人际协助的家庭居住地差异

因变量	家庭居住地	N	均值	标准差	极小值	极大值	F	p
人际协助	城区	19	18.79	5.47	11.00	29.00	0.218	0.804
	乡镇	123	19.26	4.78	6.00	30.00		
	农村	426	18.94	4.99	6.00	30.00		

表 4-92 表明,来自不同家庭居住地的少数民族初中生在人际协助上不存在显著的差异,不同家庭居住地的少数民族初中生的人际协助上差异不大。以不同家庭居住地留守初中生的人际协助平均值为纵轴,家庭居住地为横轴绘制均值图以观测不同家庭居住地少数民族初中生人际协助总体的变化情况,不同家庭居住地少数民族初中生的人际协助变化趋势如图 4-53 所示。

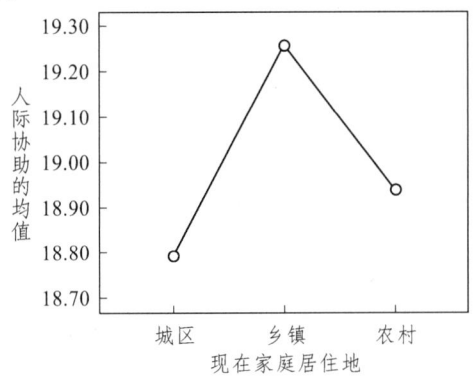

图 4-53 不同家庭居住地少数民族初中生人际协助均值变化趋势图

图 4-53 得到不同家庭居住地少数民族初中生的人际协助状况,虽然来自不同家庭居住地的少数民族初中生在人际协助上不存在显著的差异,但是从人际协助的均值变化趋势图来看,家庭居住地为乡镇的少数民族初中生其人际协助最高。

(三)不同家庭经济状况的少数民族初中生的人际协助差异分析

为了深入了解家庭经济状况对少数民族初中生人际协助的影响,以少数民族初中生的家庭经济状况为自变量,以人际协助为因变量进行描述统计和单因素方差分析,结果见表 4-93 所示。

表 4-93 不同家庭经济状况少数民族初中生人际协助的单因素方差分析

因变量		N	均值	标准差	极小值	极大值	F	p
人际协助	较好	54	18.74	5.48	6.00	28.00	0.633	0.594
	一般	382	19.19	4.85	6.00	30.00		
	较差	106	18.68	5.20	6.00	28.00		
	贫穷	26	18.15	4.38	6.00	28.00		

表 4-93 的分析结果表明不同家庭经济状况的少数民族初中生在人际协助上不存在显著的差异,不同家庭经济状况少数民族初中生在人际协助上的变化不大。以不同家庭经济状况少数民族初中生人际协助平均值为纵轴,家庭经济状况为横轴绘制均值图以观测不同家庭经济状况少数民族初中生人际协助的基本变化趋势,具体变化情况如图 4-54 所示。

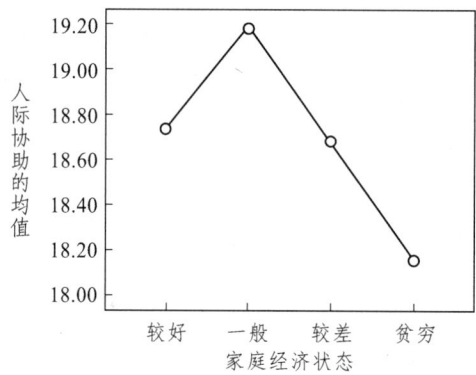

图 4-54　不同家庭经济状况少数民族初中生人际协助均值变化趋势图

图 4-54 得到不同家庭经济状况的少数民族初中生的人际协助,虽然来自不同家庭经济状况的少数民族初中生在人际协助上不存在显著的差异,但是从人际协助的均值变化趋势图来看,家庭经济状况一般的少数民族初中生其人际协助最高,而家庭经济状况贫穷的少数民族初中生人际协助最低。

(四)不同家庭氛围的少数民族初中生人际协助的差异分析

为了深入分析家庭氛围对少数民族初中生人际协助的影响情况,以人际协助为因变量,家庭氛围为自变量进行描述统计和单因素方差分析,结果见表 4-94 所示。

表 4-94　不同家庭氛围少数民族初中生人际协助的单因素方差分析

因变量	家庭氛围	N	均值	标准差	极小值	极大值	F	P
人际协助	非常融洽	215	19.38	4.68	6.00	30.00	2.517	0.082
	比较融洽	311	18.95	4.96	6.00	30.00		
	经常吵架	42	17.52	6.04	6.00	30.00		

表4-94的分析结果表明不同家庭氛围少数民族初中生在人际协助上不存在显著的差异，不同家庭氛围的少数民族初中生其人际协助表现出的差异不大。以不同家庭氛围少数民族初中生的人际协助平均值为纵轴，家庭氛围为横轴绘制均值图以观测不同家庭氛围少数民族初中生人际协助的变化情况，具体的变化趋势如图4-55所示。

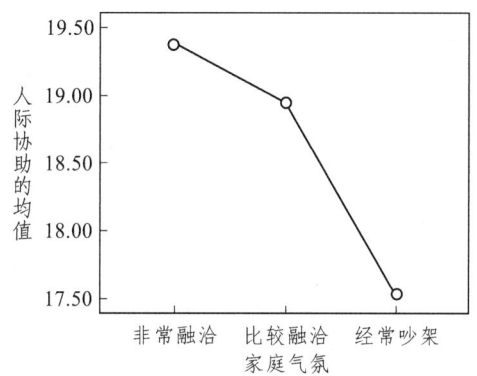

图4-55　不同家庭氛围少数民族初中生人际协助均值变化趋势图

图4-55得到在不同家庭氛围中成长起来的少数民族初中生人际协助的变化趋势，虽然来自不同家庭氛围的少数民族初中生在人际协助上不存在显著的差异，但是从人际协助的均值变化趋势图来看，家庭氛围非常融洽的少数民族初中生其人际协助最高。

（五）父亲文化程度不同少数民族初中生的人际协助差异分析

为了深入分析父亲文化程度对少数民族初中生人际协助的影响，以少数民族初中生人际协助为因变量，父亲文化程度为自变量进行描述统计和单因素方差分析，结果见表4-95所示。

表4-95　父亲文化程度不同少数民族初中生人际协助的单因素方差分析

因变量	父亲文化程度	N	均值	标准差	极小值	极大值	F	p
人际协助	未上过学	17	20.00	5.57	11.00	28.00	0.895	0.467
	小学	210	18.84	4.47	6.00	29.00		
	初中	254	18.96	5.09	6.00	30.00		
	高中	57	18.75	5.48	6.00	30.00		
	大专以上	30	20.43	5.64	11.00	30.00		

表 4-95 的分析结果表明父亲文化程度不同的少数民族初中生在人际协助上不存在显著的差异，父亲文化程度不同的少数民族初中生在人际协助上的变化不大，即父亲文化程度对少数民族初中生的人际协助影响不大。以父亲文化程度不同少数民族初中生的人际协助平均值为纵轴，父亲文化程度为横轴绘制均值图以观测不同父亲文化程度少数民族初中生人际协助的变化趋势，具体情况如图 4-56 所示。

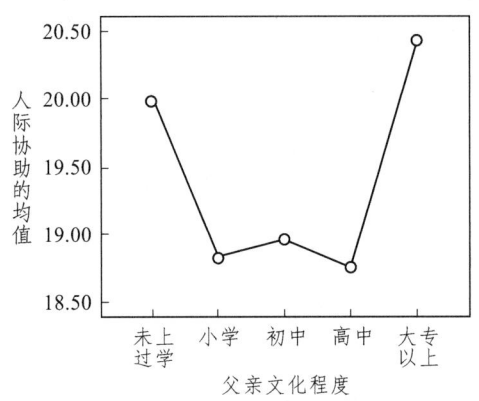

图 4-56　父亲文化程度不同少数民族初中生人际协助均值变化趋势图

图 4-56 得到在不同父亲文化程度的少数民族初中生的人际协助中，虽然不同父亲文化程度的少数民族初中生在人际协助上不存在显著的差异，但是从人际协助的均值变化趋势图来看，父亲文化为大专以上的少数民族初中生其人际协助最高。

（六）母亲文化程度不同少数民族初中生人际协助差异分析

为了深入分析母亲文化程度对少数民族初中生人际协助的影响情况，以人际协助为因变量，母亲文化程度为自变量进行描述统计和单因素方差分析，结果见表 4-96 所示。

表 4-96 的分析结果表明不同母亲文化程度的少数民族初中生人际协助上不存在显著的差异，母亲文化程度不同对少数民族初中生人际协助影响不大。以母亲文化程度不同少数民族初中生人际协助平均值为纵轴，母亲文化程度为横轴绘制均值图以观测不同母亲文化程度少数民族初中生人际协助的变化趋势，如图 4-57 所示。

表4-96 母亲文化程度不同少数民族初中生人际协助的单因素方差分析

因变量	母亲文化程度	N	均值	标准差	极小值	极大值	F	p
人际协助	未上过学	142	19.34	4.81	7.00	30.00	0.364	0.834
	小学	240	18.75	5.11	6.00	29.00		
	初中	152	19.07	4.84	6.00	30.00		
	高中	25	19.32	5.33	11.00	29.00		
	大专以上	9	18.67	4.47	12.00	27.00		

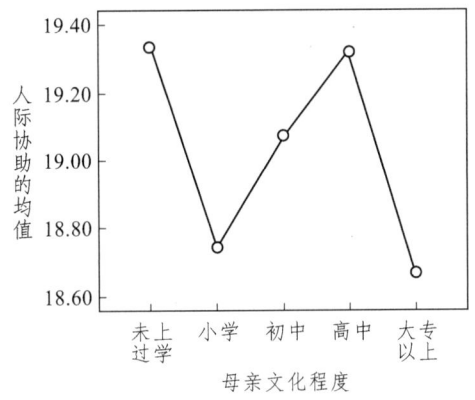

图4-57 母亲文化程度不同少数民族初中生人际协助均值变化趋势图

图4-57得到在不同母亲文化程度的少数民族初中生的人际协助中，虽然不同母亲文化程度的少数民族初中生在人际协助上不存在显著的差异，但是从人际协助的均值变化趋势图来看，母亲文化程度为大专以上的少数民族初中生其人际协助相对最低。

（七）不同留守情况少数民族初中生人际协助差异分析

为了深入分析留守情况对少数民族初中生人际协助的影响，首先分析留守初中生和非留守少数民族初中生在人际协助上的差异情况。然后以留守少数民族初中生为统计分析对象，以留守少数民族初中生的留守类型为自变量，再以留守少数民族初中生的人际协助为因变量进行方差检验。

1. 留守初中生与非留守初中生人际协助的差异分析

以人际协助为因变量，对留守初中生和非留守初中生进行独立样本t

检验，结果如表 4-97 所示。

表 4-97　少数民族初中生人际协助的是否留守差异

因变量	留守与非留守	N	均值	标准差	t	p
人际协助	非留守	253	19.30	4.78	1.280	0.201
	留守	315	18.77	5.08		

表 4-97 表明，留守和非留守少数民族初中生在人际协助上不存在显著差异，留守家庭因素并没有对少数民族初中生的人际协助产生具体的较大的影响。

2. 不同留守类型留守初中生人际协助上差异分析

为了深入了解留守情况对留守少数民族初中生人际协助产生的具体影响，分析不同留守类型对留守少数民族初中生在人际协助上的具体差异。以留守少数民族初中生的人际协助为因变量，留守类型为自变量进行描述统计和单因素方差分析，结果见表 4-98 所示。

表 4-98　不同留守类型少数民族初中生人际协助的单因素方差分析

因变量	留守类型	N	均值	标准差	极小值	极大值	F	p
人际协助	父亲外出	88	19.36	5.01	6.00	29.00	1.832	0.162
	母亲外出	35	17.43	4.22	8.00	26.00		
	均外出	192	18.73	5.24	6.00	30.00		

表 4-98 的分析结果表明不同留守类型的留守少数民族初中生在人际协助上不存在显著的差异，也就是说，留守类型对留守少数民族初中生的人际协助影响不大。以不同留守类型少数民族初中生的人际协助平均值为纵轴，留守类型为横轴绘制均值图以观测不同留守类型留守少数民族初中生的人际协助的变化趋势，如图 4-58 所示。

由图 4-58 所示得到不同留守类型的少数民族初中生人际协助的变化趋势，虽然不同留守类型的少数民族初中生在人际协助上不存在显著的差异，但是从人际协助的均值变化趋势图来看，母亲外出的少数民族初中生其人际协助相对最低。

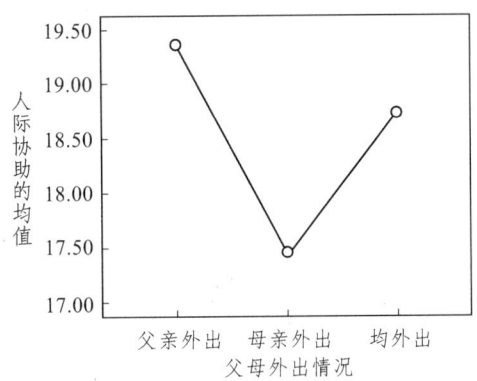

图 4-58 不同留守类型少数民族初中生人际协助均值变化趋势图

（八）少数民族初中生人际协助在与父亲关系状况上的差异分析

为了深入分析与父亲关系状况对少数民族初中生人际协助的影响，以少数民族初中生人际协助为因变量，与父亲关系为自变量进行描述统计和单因素方差分析，结果见表 4-99 所示。

表 4-99 与父亲关系不同的少数民族初中生人际协助的单因素方差分析

因变量	与父亲关系	N	均值	标准差	极小值	极大值	F	P
人际协助	关系紧张	41	18.51	4.37	11.00	27.00	8.341	0.000
	关系一般	220	18.03	4.57	6.00	28.00		
	关系融洽	307	19.77	5.17	6.00	30.00		

表 4-99 的分析结果表明与父亲关系不同的少数民族初中生在人际协助上存在显著的差异，不同的与父亲关系状况对少数民族初中生的人际协助影响较大。以不同的与父亲关系状况少数民族初中生的人际协助平均值为纵轴，与父亲关系状况为横轴绘制均值图以观测与父亲关系状况不同的少数民族初中生人际协助的变化趋势，具体情况如图 4-59 所示。

图 4-59 得到在与父亲关系不同的少数民族初中生的人际协助中，与父亲关系融洽的少数民族初中生其人际协助最高，而与父亲关系一般的和紧张的少数民族初中生人际协助相对低一些。为了具体了解与父亲关系状况不同的少数民族初中生在人际协助上的具体差异情况，对与父亲关系不同的少数民族初中生的人际协助进行多重事后检验，具体分析结

果见表 4-100。

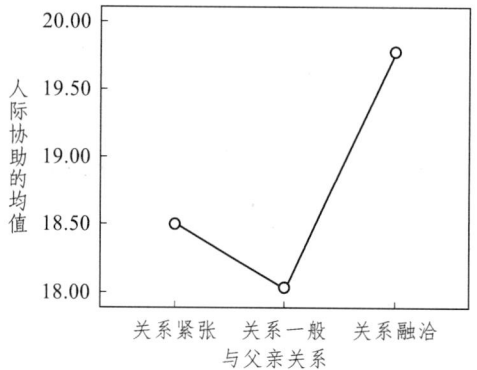

图 4-59　与父亲关系状况不同的少数民族初中生人际协助均值变化趋势图

表 4-100　不同的父亲关系状况的少数民族初中生人际协助的两两事后比较分析

因变量	（I）与父亲关系	（J）与父亲关系	均值差（I-J）	标准误	显著性
人际协助	关系紧张	关系一般	0.48	0.83	0.560
		关系融洽	-1.26	0.81	0.123
	关系一般	关系融洽	-1.74	0.43	0.000

表 4-100 的多重事后检验表明，与父亲关系融洽的少数民族初中生其人际协助均要高于与父亲关系一般的少数民族初中生的人际协助。

（九）少数民族初中生人际协助在与母亲关系状况上的差异分析

为了深入分析与母亲关系状况对少数民族初中生人际协助的影响，以少数民族初中生人际协助为因变量，与母亲关系为自变量进行描述统计和单因素方差分析，结果见表 4-101 所示。

表 4-101　与母亲关系不同的少数民族初中生人际协助的单因素方差分析

因变量	与母亲关系	N	均值	标准差	极小值	极大值	F	p
人际协助	关系紧张	27	18.26	4.38	9.00	26.00	7.826	0.000
	关系一般	182	17.90	4.68	6.00	29.00		
	关系融洽	359	19.62	5.04	6.00	30.00		

表 4-101 的分析结果表明与母亲关系不同的少数民族初中生在人际协助上存在显著的差异,即不同的与母亲关系状况对少数民族初中生的人际协助影响较大。以与母亲关系状况不同的少数民族初中生的人际协助平均值为纵轴,与母亲关系状况为横轴绘制均值图以观测与母亲关系状况不同的少数民族初中生人际协助的变化趋势,具体情况如图 4-60 所示。

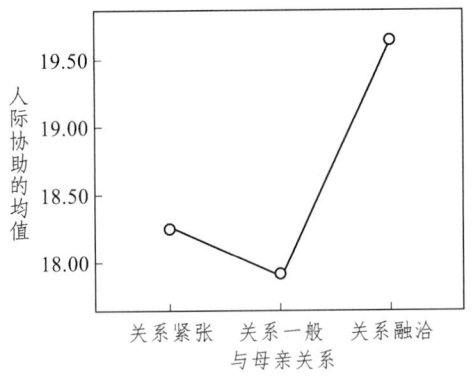

图 4-60　与母亲关系状况不同的少数民族初中生人际协助均值变化趋势图

图 4-60 得到在与母亲关系不同的少数民族初中生的人际协助中,从人际协助的均值变化趋势图来看,与母亲关系融洽的少数民族初中生其人际协助是最高的。为了具体了解与母亲关系状况不同的少数民族初中生在人际协助上的具体差异情况,对与母亲关系不同的少数民族初中生的人际协助进行多重事后检验,具体分析结果见表 4-102。

表 4-102　不同与母亲关系状况的少数民族初中生人际协助的两两事后比较分析

因变量	(I)与母亲关系	(J)与母亲关系	均值差(I-J)	标准误	显著性
人际协助	关系紧张	关系一般	0.36	1.00	0.719
	关系紧张	关系融洽	-1.36	0.98	0.164
	关系一般	关系融洽	-1.73	0.45	0.000

表 4-102 的多重事后检验表明,与母亲关系融洽的少数民族初中生其人际协助要高于与母亲关系一般的少数民族初中生的人际协助。

第六节　贵州少数民族初中生心理韧性品质状况

一、贵州少数民族初中生心理韧性品质基本状况

（一）贵州少数民族初中生心理韧性品质现状

贵州少数民族初中生心理韧性品质现状如表 4-103 所示。

表 4-103　贵州少数民族初中生心理韧性品质现状

因变量	N	平均数	标准差	最大值	最小值	每题平均得分
心理韧性品质	568	89.14	12.01	125	59	3.30

表 4-103 表明，贵州少数民族初中生心理韧性品质的总体情况较好，处于中等偏上水平。

根据贵州少数民族初中生心理韧性的总分绘制柱形分布图，结果如图 4-61 所示。

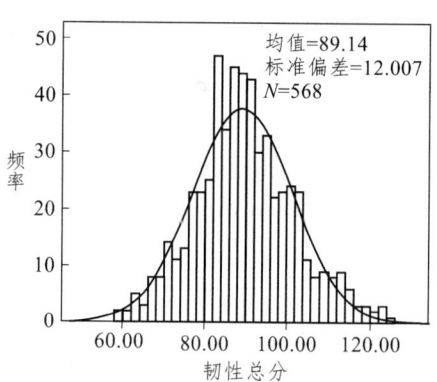

图 4-61　贵州少数民族初中生心理韧性的分布图

图 4-61 贵州少数民族初中生心理韧性的总体分布图表明，少数民族初中生心理韧性属于正态分布，大多数的少数民族初中生属于中等水平的心理韧性。

（二）性别对贵州少数民族初中生心理韧性品质的影响分析

以贵州少数民族初中生心理韧性品质各个方面为因变量，性别为自变量进行独立样本 t 检验。结果如表 4-104 所示。

表 4-104　贵州少数民族初中生心理韧性品质的性别差异

因变量	男生（N=283）		女生（N=285）		t
	M	SD	M	SD	
个人力	50.44	7.45	50.16	7.75	0.434
支持力	38.42	6.68	39.25	7.45	−1.402
心理韧性品质	88.86	11.35	89.41	12.63	−0.551

表 4-104 表明，不同性别的贵州少数民族初中生心理韧性品质两个方面均不存在显著的差异。

二、学校因素对贵州少数民族初中生人际协助的影响分析

（一）年级对贵州少数民族初中生心理韧性品质的影响分析

以贵州少数民族初中生心理韧性品质各方面为因变量，年级为自变量进行单因素方差分析，结果如表 4-105 所示。

表 4-105　贵州少数民族初中生心理韧性品质的年级差异（$M±SD$）

因变量	①七年级（N=148）	②八年级（N=264）	③九年级（N=156）	F	LSD
个人力	49.29±6.87	50.48±7.02	50.96±9.02	1.979	
支持力	37.54±6.90	39.05±6.86	39.71±7.49	3.804*	①<②
心理韧性品质	86.83±10.67	89.53±1.25	90.67±14.03	4.181*	①<②③

注：*$p<0.05$；**$p<0.01$；***$p<0.001$；下同。

表 4-105 表明，在贵州少数民族初中生中，不同年级初中生的心理韧性品质存在显著差异，具体表现在支持力上，七年级少数民族初中生显著低于八年级少数民族初中生。其中，七年级少数民族学生的心理韧性品质显著低于八年级和九年级学生。贵州少数民族初中生心理韧性品质具体的变化趋势如下图 4-62 所示。

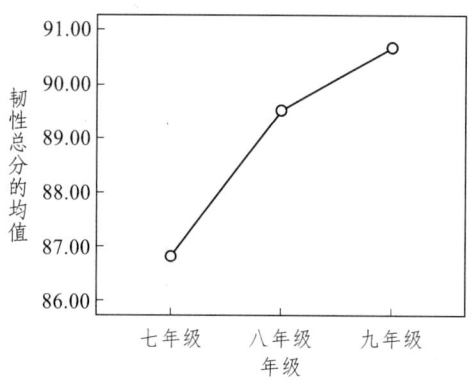

图 4-62　不同年级少数民族初中生心理韧性品质的均值图

由图 4-62 可得到,贵州少数民族初中生的心理韧性品质随年级的上升而提高。

(二)是否担任班干部的贵州少数民族初中生心理韧性品质的差异

以贵州少数民族初中生心理韧性品质各方面为因变量,是否担任班干部进行独立样本 t 检验,结果如表 4-106 所示。

表 4-106　贵州少数民族初中生心理韧性品质的是否班干部差异

因变量	是(N=44)		否(N=524)		t
	M	SD	M	SD	
个人力	51.42	8.34	49.57	6.99	2.850*
支持力	39.19	7.56	38.60	6.75	0.960
心理韧性品质	90.60	13.33	88.17	10.97	2.368*

表 4-106 表明,贵州少数民族初中生心理韧性品质及个人力在是否担任班干部上存在显著差异。具体表现为,担任班干部的少数民族初中生在个人力和韧性品质总分方面显著高于没有担任班干部的少数民族初中生。

(三)学习成绩对贵州少数民族初中生心理韧性品质的影响分析

以贵州少数民族初中生心理韧性品质各方面为因变量,学习成绩为自变量进行单因素方差分析，结果如表 4-107 所示。

表 4-107　不同学习成绩的贵州少数民族初中生心理韧性品质差异（$M\pm SD$）

	①好（$N=28$）	②中等（$N=472$）	③差（$N=68$）	F	LSD
个人力	53.43±11.55	50.61±7.36	46.90±6.12	9.883***	①②>③
支持力	42.82±7.95	39.82±7.08	37.28±6.11	6.190**	①>②③
心理韧性品质	96.25±16.52	89.43±11.79	84.18±9.30	11.250***	①>②③ ②>③

表 4-107 表明，不同学习成绩的少数民族初中生的心理韧性品质总分以及在个人力、支持力等方面均存在非常显著的差异。具体表现为：在心理韧性品质的个人力方面，成绩好的和中等的少数民族初中生显著高于成绩差的初中生；在心理韧性的支持力和心理韧性品质总分上，成绩好的少数民族初中生显著高于成绩中等的和成绩差的少数民族初中生，而成绩中等的少数民族初中生其心理韧性总分显著高于成绩差的少数民族初中生。总的来说，成绩越好的少数民族初中生心理韧性品质越高。均值图如下图 4-63 所示。

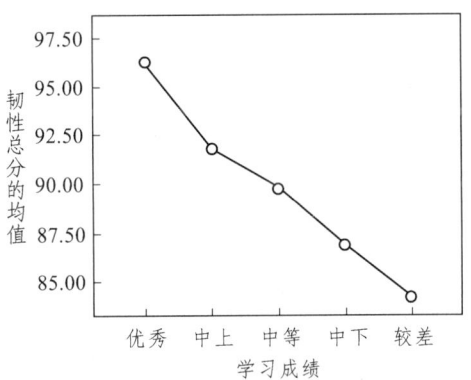

图 4-63　不同学习成绩少数民族初中生心理韧性品质的均值图

（四）学习压力对贵州少数民族初中生心理韧性品质的影响分析

以贵州少数民族初中生心理韧性品质各方面为因变量，学习压力为自变量进行单因素方差分析，结果如表 4-108 所示。

表 4-108　不同学习成绩少数民族初中生心理韧性品质的差异（$M\pm SD$）

因变量	①几乎没压力（$N=37$）	②压力较小（$N=271$）	③压力很大（$N=260$）	F
个人力	49.08±9.06	50.04±6.89	50.75±8.06	1.103
支持力	38.27±7.39	39.25±6.35	38.48±7.73	0.926
心理韧性品质	87.35±13.27	89.29±10.74	89.23±13.05	0.439

表 4-108 表明，不同学习压力的少数民族中学生在心理韧性品质及其两个方面均不存在显著的差异。

三、家庭因素对少数民族初中生心理韧性品质的影响分析

（一）是否独生子女对贵州少数民族初中生心理韧性品质影响分析

以贵州少数民族初中生心理韧性品质各方面为因变量，是否独生子女为自变量进行独立样本 t 检验，结果如表 4-109 所示。

表 4-109　贵州少数民族初中生心理韧性品质的是否独生子女差异

因变量	是（$N=44$）		否（$N=524$）		t
	M	SD	M	SD	
个人力	51.77	8.57	50.18	7.51	1.337
支持力	38.77	8.42	38.84	6.97	-0.060
心理韧性品质	90.55	14.26	89.02	11.81	0.810

表 4-109 表明，贵州少数民族初中生的心理韧性品质及两个方面均在是否独生子女方面不存在显著差异。

（二）家庭居住地对贵州少数民族初中生心理韧性品质的影响分析

以贵州少数民族初中生心理韧性品质各方面为因变量，家庭居住地为自变量进行单因素方差分析，结果如表 4-110 所示。

表 4-110　贵州少数民族初中生心理韧性品质的家庭居住地差异（$M \pm SD$）

因变量	①城区（$N=19$）	②乡镇（$N=123$）	③农村（$N=426$）	F
个人力	50.95±10.62	51.31±6.90	49.98±7.62	1.526
支持力	37.53±6.95	39.24±6.90	39.78±7.15	0.535
心理韧性品质	88.47±13.84	90.54±10.97	88.76±12.21	1.084

表 4-110 表明，不同家庭居住地的少数民族初中生在心理韧性品质总分以及在个人力、支持力等方面均不存在显著的差异。以不同家庭居住地少数民族初中生的心理韧性平均值为纵轴，家庭居住地为横轴绘制均值图以观测不同家庭居住地少数民族初中生心理韧性的变化趋势，均值图如下图 4-64 所示。

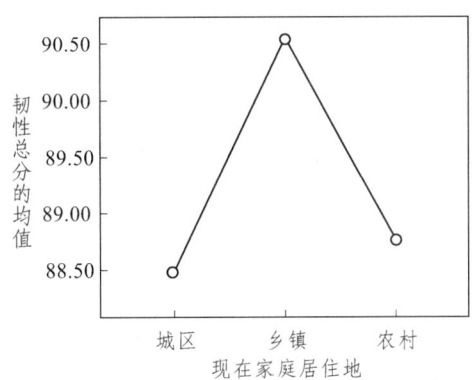

图 4-64　不同家庭居住地的少数民族初中生心理韧性品质的均值图

（三）家庭经济状况对贵州少数民族初中生心理韧性品质的影响分析

以贵州少数民族初中生心理韧性品质及总分为因变量，家庭经济状况为自变量进行单因素方差分析，结果如表 4-111 所示。

表 4-111　贵州少数民族初中生心理韧性品质的家庭经济状况差异（$M \pm SD$）

因变量	①较好（$N=52$）	②一般（$N=382$）	③较差（$N=106$）	④贫穷（$N=26$）	F
个人力	50.15±6.36	50.51±7.74	49.96±8.09	49.04±5.81	0.410
支持力	37.31±8.65	39.31±6.95	38.31±6.85	37.19±6.17	2.041
心理韧性品质	87.46±11.36	89.82±12.29	88.27±11.80	86.23±9.67	1.438

表 4-111 表明,贵州少数民族初中生的心理韧性品质及两个方面在家庭经济状况上均不存在显著差异。贵州少数民族初中生心理韧性品质随家庭经济状况情况具体的变化趋势如下图 4-65 所示。

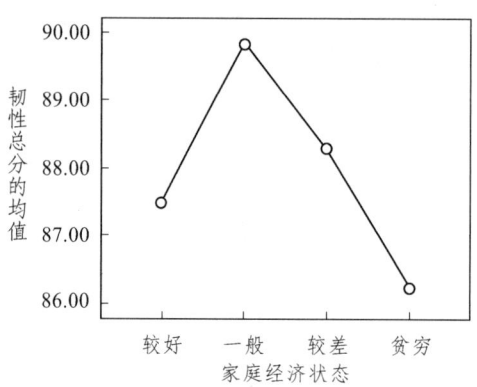

图 4-65 不同家庭经济状况少数民族初中生心理韧性品质的均值图

由图 4-65 得到,贵州少数民族初中生的心理韧性品质基本上随家庭经济状况的改善而提高,但是家庭经济状况较好的少数民族初中生的心理韧性品质反而却降低了。

(四)家庭氛围对贵州少数民族初中生心理韧性品质的影响分析

以贵州少数民族初中生心理韧性品质各方面为因变量,家庭氛围类型为自变量进行单因素方差分析,结果如表 4-112 所示。

表 4-112 贵州少数民族初中生心理韧性品质的家庭氛围差异($M±SD$)

因变量	①非常融洽 (N=215)	②比较融洽 (N=311)	③经常吵架 (N=42)	F	LSD
个人力	51.44±7.59	49.94±7.38	47.17±8.26	6.474**	①>②③
支持力	40.01±6.63	38.53±7.09	35.02±7.81	9.628***	①>②③
心理韧性品质	91.46±11.68	88.47±11.79	82.19±12.27	11.960***	①>②③ ②>③

表 4-112 表明,不同家庭氛围的少数民族初中生在心理韧性品质总分以及在个人力、支持力等方面均存在非常显著的差异。具体表现为:在心理韧性的两个方面个人力、支持上,均表现出家庭氛围非常融洽的

少数民族初中生的心理韧性品质显著高于家庭氛围比较融洽和经常吵架的初中生，同时家庭氛围比较融洽的初中生也显著高于家庭氛围为经常吵架的初中生。在心理韧性品质总分上，同样表现出家庭氛围非常融洽的少数民族初中生的心理韧性品质显著高于家庭氛围比较融洽和经常吵架的初中生，同时家庭氛围比较融洽的初中生也显著高于家庭氛围经常吵架的初中生。换言之，家庭氛围越融洽的少数民族初中生的心理韧性品质越高，均值图如下图4-66所示。

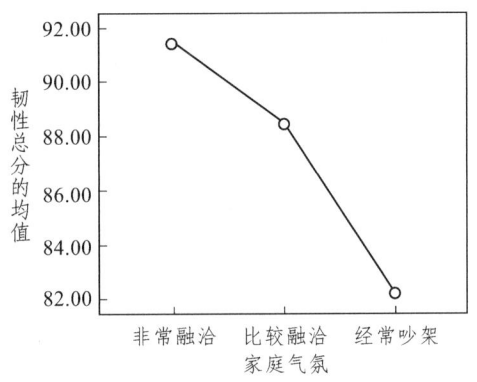

图4-66　不同家庭氛围少数民族初中生心理韧性品质的均值图

（五）父亲文化程度对贵州少数民族初中生心理韧性品质的影响分析

以贵州少数民族初中生心理韧性品质各方面为因变量，父亲文化程度为自变量进行单因素方差分析，结果如表4-113所示。

表4-113　贵州少数民族初中生心理韧性品质的父亲文化程度差异（$M\pm SD$）

因变量	①未上过学（N=17）	②小学（N=210）	③初中（N=254）	④高中（N=57）	⑤大专以上（N=30）	F
个人力	51.71±9.00	49.21±7.13	51.00±7.77	50.33±7.00	51.20±9.01	1.867
支持力	38.82±7.99	38.74±6.47	38.88±7.23	38.12±7.84	40.43±8.11	0.536
心理韧性品质	90.53±15.29	87.96±11.34	89.88±12.42	88.46±11.19	91.63±12.34	1.177

表4-113表明，贵州少数民族初中生的心理韧性品质及其两个方面在父亲文化程度上不存在显著差异。

（六）母亲文化程度对贵州少数民族初中生心理韧性品质的影响分析

以贵州少数民族初中生心理韧性品质各方面为因变量，母亲文化程度为自变量进行单因素方差分析，结果如表 4-114 所示。

表 4-114　贵州少数民族初中生心理韧性品质的母亲文化程度差异（$M±SD$）

因变量	①未上过学（N=142）	②小学（N=240）	③初中（N=152）	④高中（N=25）	⑤大专以上（N=9）	F	LSD
个人力	48.73±7.98	50.62±7.36	51.34±7.37	50.68±8.20	48.22±7.21	2.532*	①<②③
支持力	39.06±6.97	38.95±7.06	38.45±6.98	38.84±9.00	38.89±6.39	0.162	
心理韧性品质	87.79±11.84	89.56±12.21	89.78±11.65	89.52±13.79	87.11±10.65	0.702	

表 4-114 表明，贵州少数民族初中生的心理韧性品质中个人力在母亲文化程度上这一因素上存在显著差异，具体表现为母亲文化程度为未上过学的少数民族初中生个人力均显著低于母亲文化程度为小学和初中的少数民族初中生。

（七）留守情况对贵州少数民族初中生心理韧性品质的影响分析

为了深入分析留守情况对少数民族初中生的影响，首先分析留守初中生和非留守少数民族初中生在心理韧性品质及其两个方面的差异情况。然后以留守少数民族初中生为统计分析对象，以留守少数民族初中生的留守类型为自变量，再以留守少数民族初中生的心理韧性品质及其两个方面为因变量进行方差检验。

1. 留守与非留守少数民族初中生心理韧性品质的差异分析

以心理韧性品质及其两个方面为因变量，对留守和非留守少数民族初中生进行独立样本 t 检验，结果如表 4-115 所示。

表 4-115　少数民族初中生心理韧性的是否留守差异（$M±SD$）

因变量	非留守（N=253）	留守（N=315）	t	p
个人力	50.41±7.64	50.22±7.57	0.293	0.770
支持力	39.12±6.76	38.61±7.33	0.857	0.392
心理韧性品质	89.53±11.79	88.83±12.19	0.691	0.490

表 4-115 表明，留守和非留守少数民族初中生在心理韧性品质及其两个方面上均不存在显著差异，留守家庭因素并没有对少数民族初中生的心理韧性品质产生具体的较大的影响。

2. 不同留守类型少数民族初中生心理韧性品质的差异分析

为了深入了解留守情况对留守少数民族初中生心理韧性品质产生的具体影响，分析不同留守类型对留守少数民族初中生在心理韧性品质上的具体差异，以留守少数民族初中生的心理韧性品质及其两个方面为因变量，留守类型为自变量进行描述统计和单因素方差分析，结果见表 4-116 所示。

表 4-116 不同留守类型少数民族初中生心理韧性的单因素方差分析

因变量	①父亲外出（N=88）	②母亲外出（N=35）	③均外出（N=192）	F	LSD
个人力	50.08±7.89	49.37±5.35	50.44±7.79	0.313	
支持力	38.88±6.93	35.46±5.95	39.06±7.63	3.713*	①③>②
心理韧性品质	88.95±11.31	84.83±6.36	89.49±13.24	2.193	

表 4-116 的分析结果表明不同留守类型的留守少数民族初中生只在心理韧性支持力上存在显著的差异。具体表现为父亲外出和父母亲均外出的支持力要显著高于母亲外出的支持力。贵州少数民族初中生心理韧性品质在留守情况具体的变化趋势如图 4-67 所示。

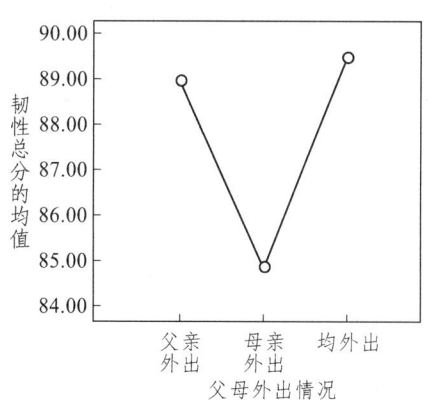

图 4-67 不同留守情况少数民族初中生心理韧性品质的均值图

（八）与父亲关系对贵州少数民族初中生心理韧性品质的影响分析

以贵州少数民族初中生心理韧性品质各方面为因变量，与父亲关系情况为自变量进行单因素方差分析，结果如表 4-117 所示。

表 4-117　贵州少数民族初中生心理韧性品质在与父亲关系上的差异（$M \pm SD$）

因变量	①关系紧张（N=41）	②关系一般（N=220）	③关系融洽（N=307）	F	LSD
个人力	48.02±7.14	48.83±6.62	51.66±8.05	11.268***	③>①②
支持力	37.63±6.09	36.75±6.70	40.49±7.13	19.802***	③>①②
心理韧性品质	85.66±11.52	85.58±10.31	92.15±12.40	22.689***	③>①②

表 4-117 表明，与父亲关系不同的少数民族初中生在心理韧性品质总分以及在个人力、支持力等方面均存在非常显著的差异。具体表现为：在心理韧性的两个方面个人力、支持力上，均表现出与父亲关系融洽的少数民族初中生的心理韧性品质显著高于与父亲关系一般和关系紧张的少数民族初中生。在心理韧性品质总分上，同样表现出与父亲关系融洽的少数民族初中生的心理韧性品质显著高于与父亲关系一般和关系紧张的少数民族初中生。以不同父亲文化程度少数民族初中生的心理韧性平均值为纵轴，父亲文化程度为横轴绘制均值图以观测不同父亲文化程度少数民族初中生心理韧性的变化趋势，均值图如图 4-68 所示。

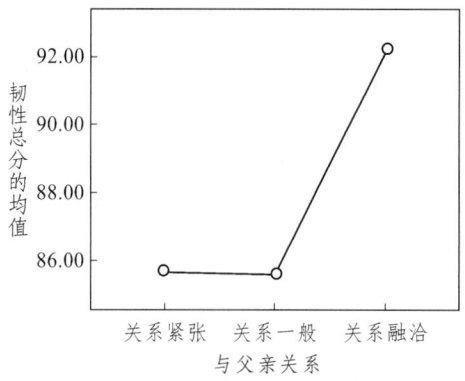

图 4-68　与父亲关系不同的少数民族初中生心理韧性品质的均值图

（九）与母亲关系对贵州少数民族初中生心理韧性品质的影响分析

以贵州少数民族初中生心理韧性品质各方面为因变量，与母亲关系情况为自变量进行单因素方差分析，结果如表4-118所示。

表4-118 贵州少数民族初中生心理韧性品质在与母亲关系上的差异（$M\pm SD$）

因变量	①关系紧张（$N=27$）	②关系一般（$N=182$）	③关系融洽（$N=359$）	F	LSD
个人力	47.19±5.88	48.91±6.70	51.24±7.97	8.274***	③>①②
支持力	37.41±5.70	36.37±6.90	40.19±6.92	19.364***	③>①②
心理韧性品质	84.59±9.64	85.28±10.69	91.43±12.22	19.035***	③>①②

表4-118表明，与母亲关系不同的少数民族初中生在心理韧性品质总分以及在个人力、支持力等方面均存在非常显著的差异。具体表现为：在心理韧性的个人力、支持力上，均表现出与母亲关系融洽的少数民族初中生的心理韧性品质显著高于与母亲关系一般和关系紧张的少数民族初中生。在心理韧性品质总分上，同样表现出与母亲关系融洽的少数民族初中生的心理韧性品质显著高于与母亲关系一般和关系紧张的少数民族初中生。以不同与母亲关系少数民族初中生的心理韧性平均值为纵轴，与母亲关系为横轴绘制均值图以观测不同的与母亲关系少数民族初中生心理韧性的变化趋势，均值图如下图4-69所示。

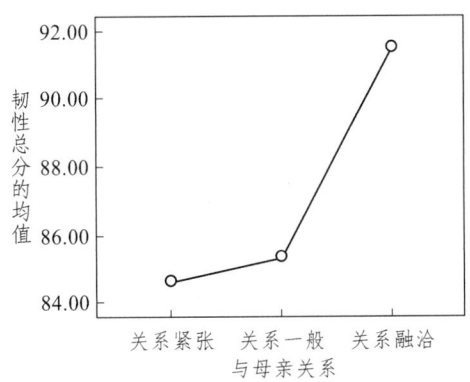

图4-69 与母亲关系不同的少数民族初中生心理韧性品质的均值图

第七节　贵州少数民族
初中生心理韧性品质状况的讨论

　　对贵州少数民族初中生的研究结果表明，少数民族初中生的心理韧性品质属于中等偏上水平，这说明少数民族初中生的优秀传统民俗及传统对其心理韧性这一优秀内在心理品质产生了积极的影响。与研究设想类似，本研究认为贵州少数民族青少年虽然许多在相对落后的山区成长，但是由于贵州许多少数民族存在勤劳勇敢、充满智慧、不怕艰苦的优秀传统习俗，在这种环境下成长起来的少数民族青少年也慢慢培养了自己较好的心理韧性这一积极心理品质。以往研究也表明少数民族留守初中生韧性基本处于积极正向的状态（黄亚夫，2016）。罗之勇和何朝峰（2013）对仫佬族高中生心理韧性调查得到在心理韧性的各因子中，情绪控制的得分最低，接下来依次为人际协助、目标专注、家庭支持，得分最高的是积极认知，且心理韧性各方面也处于中等偏上水平。崔文香等（2014）对朝鲜族留守初中生心理韧性现状的调查研究也得到朝鲜族留守青少年心理韧性的得分较高。本研究结果与以往研究结论较一致。

　　研究结果得到贵州少数民族初中生的心理韧性品质各方面在性别上不存在显著差异。而这与以往研究结果不同，以往研究得到少数民族中职生的学业韧性的父母支持维度在性别上存在显著差异，且研究者认为这可能是由于少数民族与汉族相比，男孩在家中得到更多的父母支持（金雪，2016）相对更高；黄亚夫等（2015）研究表明少数民族青少年男生在心理韧性的情绪调控和意志行动上显著高于女生，但在家庭期望、同伴支持和社会支持上显著低于女生。袁方舟等（2016）研究得到男性在韧性品质的家庭关心与家庭和谐因子上均值显著高于女性，研究者认为这说明在面对困难和逆境时，虽然男女少数民族初中生表现出基本相同水平的积极情绪和韧性素质，但男生的家庭支持程度明显优于女生家庭，更加有利于男生的韧性发展，造成这种现象的原因应该与我国传统文化观念有着密切的关系。而罗之勇和何朝峰（2013）研究却表明仫佬族女生的心理韧性显著高于男生，仫佬族女生比男生在遇到困难或逆境时更可能从家庭、朋友等人那里获得支持，从而使她们能够更好地应对面临的困难以及适应所处的环境。通过与以往研究结果比较发现，各少数民族男女初中生的心理韧性品质发展状况存在差异，不尽相同。同时也说明我国少数民族各自的优秀传统文化会对不同性别少数民族青少年的优秀心理品质如心理韧性品质等产生不同影响，从而导致了不同性别少数民族中学生的心理韧性品质表现出不一样的发展特征。

研究结果表明贵州少数民族初中生的心理韧性品质在年级上存在显著差异，积极认知方面七年级、八年级的少数民族初中生显著低于九年级的初中生，这应该是由青少年的心理认知发展状况及特点所决定的，对于九年级的初中生来说，由于正处于心理的第二个迅速发展飞跃期，所以这个年龄阶段的初中生心智会变得更加成熟，考虑问题也更采取理性的思考方式；同时由于面临升学等重要转折的压力，他们会更理智地去认知周围的环境和变化等，采取更积极主动的方式去面对即将到来的选择与可能面临的困难。研究同时表明八年级和九年级的少数民族初中生家庭支持、心理韧性品质显著高于七年级的，这一现象可能是由于年龄更大的少数民族初中生更会和更主动去寻求获得外界特别是父母家庭的支持来帮助自己面对所碰到的问题和困难，以采取更好的解决办法。

家庭经济状况并不会对少数民族初中生的心理韧性品质造成太大的影响，从调查结果发现，家庭经济状况越好心理韧性品质也会相对更高一些，但是经济状况最好的少数民族初中生的心理韧性品质却不是最高的，反而家庭经济状况一般的少数民族初中生的心理韧性品质却表现更高。这说明，家庭经济状况好坏不一定会决定少数民族初中生心理韧性品质的高度，特别是支持力方面的高低水平。家庭经济状况一般的少数民族初中生在家庭中更容易获得支持，这类初中生碰到困难和问题是更积极主动地从家庭中寻求帮助来解决自己的困难。

父母文化程度对贵州少数民族初中生心理韧性品质的个人力方面存在显著影响，具体表现为父亲文化程度为初中的在积极认知上显著高于父亲文化程度为小学少数民族初中生，而在积极认知和个人力方面均表现为母亲文化程度为小学和初中的少数民族初中生韧性品质均显著高于母亲文化为未上过学的初中生。这说明父母的教育背景在一定程度还是会对少数民族初中生的心理韧性品质产生一定的影响，但是这个影响比较有限，当然原因也可能是受本课题研究的调查样本所限。以往研究也得到：不同教育背景的父母，其初中生子女韧性总体上存在显著差异，随着父母受教育程度的提高，少数民族留守初中生子女的韧性也显著提高（黄亚夫，2016）。

担任班干部的少数民族初中生在目标专注、情绪控制等心理韧性品质的个人力方面显著高于未担任班干部的初中生。担任班干部会给少数民族初中生带来各方面的锻炼，包括自己的办事能力、人际交往能力及人际关系网的扩大、解决问题的办法等方面都会有很大的提高，因此担任班干部的少数民族的初中生在碰到困难时会有更好的个人力和更多方法来解决面临的重大问题。

研究结果表明学习成绩越好的少数民族初中生的心理韧性品质越好，这说明学习成绩的优秀会对少数民族初中生的心理韧性品质具有较大的促进作用。成绩优秀的少数民族初中生对自己的认识更加准确，对周围环境和长远的目标认识更清晰，具有较强的分析问题和解决问题的能力，能积极主动地去思考和解决自己所碰到的问题和困难。同时，学习成绩较好的少数民族初中生获得家庭父母和学校老师同学的关注也会更多。

家庭氛围会对少数民族初中生的心理韧性品质产生重要影响，家庭氛围越融洽少数民族初中生的心理韧性品质水平越高。家庭氛围是少数民族初中生心理韧性品质的重要影响因素。少数民族初中生在家庭中获得的温暖和爱越多，其心理韧性品质就高，同时获得的支持也会更多。而在家庭氛围为经常吵架的家庭成长起来的少数民族初中生从家庭中获得的关爱相对也会少，这类少数民族初中生的心理韧性品质就比较低。

留守情况主要对少数民族初中生心理韧性品质的支持力方面产生影响，即父母均在家或父亲外出的初中生的家庭支持及支持力显著高于母亲外出的初中生，而父母亲均外出的少数民族初中生的家庭支持显著高于母亲外出的少数民族初中生，这一调查研究结果不是很有规律，说明留守情况对少数民族初中生心理韧性品质的影响比较复杂，但从总体上来看非留守少数民族初中生的心理韧性品质还是高于留守少数民族初中生的心理韧性品质。从这些方面发现少数民族留守初中生的心理品质及心理健康状况也是关注的重点，不能忽视。

第五章
贵州少数民族初中生社会支持状况及与心理韧性品质关系

第一节 贵州少数民族初中生社会支持的基本状况

一、贵州少数民族初中生社会支持基本状况

贵州少数民族初中生社会支持现状如表 5-1 所示。

表 5-1 贵州少数民族初中生社会支持品质现状

	N	平均数	标准差	最大值	最小值	每题平均得分
主观支持	568	16.03	3.93	25	5	3.21
客观支持	568	20.41	4.46	30	6	3.40
支持利用度	568	18.63	4.82	30	6	3.11
社会支持总分	568	55.06	11.08	85	20	3.24

表 5-1 表明,贵州少数民族初中生社会支持量表的总体情况较好,处于中等偏上水平,而具体来看,社会支持中的客观支持方面表现最佳。

根据少数民族初中生社会支持的总分绘制柱形分布图,结果如图 5-1 所示。

从图 5-1 贵州少数民族初中生社会支持的总体分布图表明,少数民族初中生社会支持属于正态分布,大多数的初中生有中等水平的社会支持。

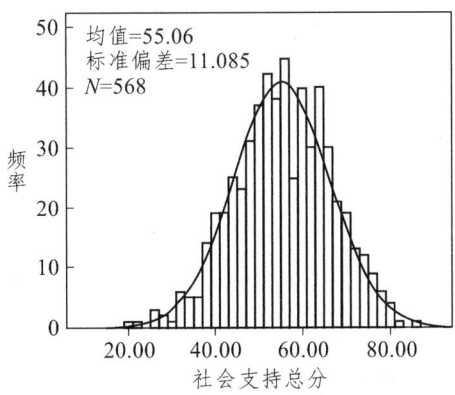

图 5-1 贵州少数民族初中生社会支持的分布图

二、性别对贵州少数民族初中生社会支持的影响分析

以贵州少数民族初中生社会支持各个方面为因变量,性别为自变量进行独立样本 t 检验,结果如表 5-2 所示。

表 5-2 贵州少数民族初中生社会支持的性别差异

因变量	男生（N=283）		女生（N=285）		t
	M	SD	M	SD	
主观支持	15.59	3.72	16.46	4.08	-2.630**
客观支持	20.27	4.37	20.55	4.55	-0.753
支持利用度	18.15	4.89	19.10	4.71	-2.358*
社会支持	54.01	10.72	56.11	11.36	-2.260*

表 5-2 表明,贵州少数民族初中生社会支持的主观支持、支持利用度和社会支持总分存在显著的性别差异,从具体得分来看,男女学生在社会支持各方面的表现有一定差异,女生的社会支持要显著高于男生的社会支持。

第二节 学校因素对贵州少数民族初中生社会支持的影响分析

一、年级对贵州少数民族初中生社会支持的影响分析

以贵州少数民族初中生社会支持各方面为因变量,年级为自变量进行单因素方差分析,结果如表 5-3 所示。

表 5-3 贵州少数民族初中生社会支持的年级差异($M±SD$)

因变量	①七年级（N=148）	②八年级（N=264）	③九年级（N=156）	F	LSD
主观支持	15.14±4.03	16.33±3.70	16.35±4.10	5.148**	①<②③
客观支持	19.69±4.19	20.79±4.34	20.46±4.85	2.902	
支持利用度	17.80±4.84	19.05±4.62	18.69±5.05	3.262*	①<②③
社会支持	52.63±0.66	56.17±10.47	55.49±12.16	5.077**	①<②③

表 5-3 表明,在贵州少数民族初中生中,不同年级的初中生的社会支持存在显著差异,具体表现在主观支持、支持利用度上。其中,七年级少数民族学生的主观支持、支持利用度和社会支持显著低于八年级和九年级的学生,社会支持具体的变化趋势如图 5-2 所示。

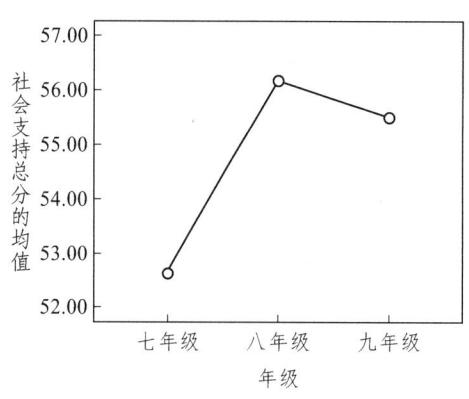

图 5-2 不同年级少数民族初中生社会支持的均值图

二、是否担任班干部对贵州少数民族初中生社会支持的影响分析

以贵州少数民族初中生社会支持各方面为因变量,是否担任班干部为自变量进行独立样本 t 检验,结果如表 5-4 所示。

表 5-4 贵州少数民族初中生社会支持是否班干部的差异

因变量	是（n=225）		否（n=343）		t
	M	SD	M	SD	
主观支持	16.83	3.98	15.50	3.81	-4.006***
客观支持	20.55	4.89	20.32	4.17	-0.609
支持利用度	18.80	5.20	18.51	4.56	-0.718
社会支持	56.19	12.28	54.32	10.18	-1.964*

表 5-4 表明,贵州少数民族初中生社会支持在是否担任班干部上存在显著差异。具体表现为,担任班干部的少数民族初中生在主观支持和社会支持总分方面显著高于没有担任班干部的少数民族初中生。

三、学习成绩对贵州少数民族初中生社会支持的影响分析

以贵州少数民族初中生社会支持各方面为因变量,学习成绩为自变量进行单因素方差分析,结果如表 5-5 所示。

表 5-5 贵州少数民族初中生社会支持的学习成绩的差异（M±SD）

因变量	①好（N=28）	②中（N=472）	③差（N=68）	F	LSD
主观支持	16.46±4.45	16.22±3.84	14.47±3.99	6.218**	①②>③
客观支持	21.36±5.26	20.39±4.41	20.13±4.53	0.764	
支持利用度	18.04±5.83	18.79±4.81	17.71±4.39	1.735	
社会支持	55.86±12.89	55.41±11.05	52.31±10.21	2.415	

表 5-5 表明,在新建地方本科院校中,不同学习成绩的少数民族初中生的社会支持仅在主观支持方面存在显著的差异。具体表现为:在社会支持的主观支持方面,成绩好和中等的少数民族初中生的主观支持显著高于成绩较差的初中生。总的来说,成绩越好的少数民族初中生主观支持越高。少数民族初中生社会支持的均值图如下图 5-3 所示。

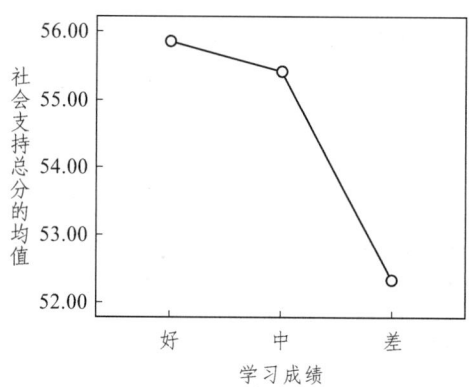

图 5-3　不同学习成绩少数民族初中生社会支持的均值图

四、学习压力对贵州少数民族初中生社会支持的影响分析

以贵州少数民族初中生社会支持各方面为因变量，学习压力为自变量进行单因素方差分析，结果如表 5-6 所示。

表 5-6　贵州少数民族初中生社会支持的学习压力差异（$M \pm SD$）

因变量	①几乎没压力（N=37）	②压力较小（N=271）	③压力很大（N=260）	F
主观支持	15.68±5.24	15.92±3.73	16.19±3.93	0.487
客观支持	19.14±5.01	20.54±4.13	20.46±4.71	1.636
支持利用度	17.27±4.77	18.96±4.38	18.47±5.22	2.239
社会支持	52.08±12.00	55.41±10.14	55.13±11.85	1.475

表 5-6 表明，不同学习压力的少数民族中学生在社会支持各方面均不存在显著的差异。

第三节　家庭因素对贵州少数民族初中生社会支持的影响分析

一、家庭经济状况对贵州少数民族初中生社会支持的影响分析

以贵州少数民族初中生社会支持各方面及总分为因变量，家庭经济

状况为自变量进行单因素方差分析，结果如表 5-7 所示。

表 5-7　贵州少数民族初中生社会支持的家庭居住地差异（$M\pm SD$）

因变量	①较好（$N=54$）	②一般（$N=382$）	③较差（$N=106$）	④贫穷（$N=26$）	F
主观支持	16.24±4.32	16.21±3.72	15.46±4.20	15.12±4.74	1.545
客观支持	19.89±4.64	20.60±4.54	20.12±4.30	19.85±3.62	0.765
支持利用度	17.65±5.48	18.87±4.72	18.43±4.75	17.77±5.01	1.412
社会支持	53.78±12.00	55.69±10.93	54.02±11.47	52.73±9.40	1.350

表 5-7 表明，贵州少数民族初中生的社会支持各个方面均不存在显著差异。但贵州少数民族初中生社会支持随家庭经济状况具体的变化趋势如下图 5-4 所示。

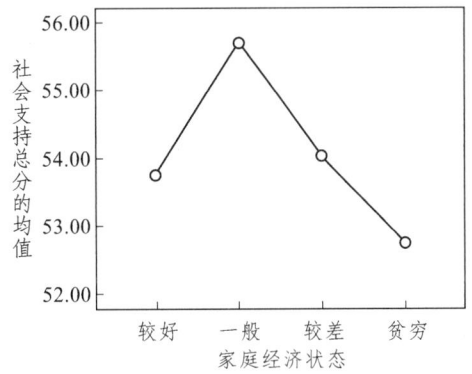

图 5-4　不同家庭经济状况少数民族初中生社会支持的均值图

由图 5-4 可得出，贵州少数民族初中生的社会支持基本上随家庭经济状况的改善而提高，但是家庭经济状况较好的少数民族初中生的社会支持反而却降低了。

二、父亲文化程度对贵州少数民族初中生社会支持的影响分析

以贵州少数民族初中生社会支持各方面为因变量，父亲文化程度为自变量进行单因素方差分析，结果如表 5-8 所示。

表 5-8　贵州少数民族初中生社会支持的父亲文化程度差异（$M\pm SD$）

因变量	①未上过学 （$N=17$）	②小学 （$N=210$）	③初中 （$N=254$）	④高中 （$N=57$）	⑤大专以上 （$N=30$）	F	LSD
主观支持	15.94±3.82	15.52±3.79	16.30±3.97	16.02±4.00	17.37±4.23	2.063	
客观支持	18.18±3.59	19.85±4.56	20.83±4.24	20.12±4.47	22.57±4.99	4.383**	①②<③⑤ ③④<⑤
支持利用度	18.12±4.24	18.36±4.71	18.86±4.89	18.07±4.67	19.87±5.48	1.045	
社会支持	52.24±8.12	53.72±11.14	55.99±11.07	54.21±10.67	59.80±11.48	2.980*	①②③④<⑤ ②<③

表 5-8 表明，贵州少数民族初中生的社会支持中，客观支持和社会支持总分在父亲文化程度上这一因素上存在显著差异，具体表现为父亲文化程度为未上过学和仅上过小学的少数民族初中生客观支持显著低于父亲文化程度为初中及大专以上的少数民族初中生，同时父亲文化程度为初中和高中的少数民族初中生客观支持显著低于父亲文化程度为大专以上的少数民族初中生。在社会支持总分上父亲的文化水平是高中及以下的少数民族初中生均低于大专以上，且父亲文化程度为小学的少数民族初中生社会支持显著低于父亲文化程度为初中的少数民族初中生。

三、母亲文化程度对贵州少数民族初中生社会支持的影响分析

以贵州少数民族初中生社会支持各方面为因变量，母亲文化程度为自变量进行单因素方差分析，结果如表 5-9 所示。

表 5-9　贵州少数民族初中生社会支持的母亲文化程度差异（$M\pm SD$）

因变量	未上过学 （$N=142$）	小学 （$N=240$）	初中 （$N=152$）	高中 （$N=25$）	大专以上 （$N=9$）	F
主观支持	16.03±3.65	15.85±4.03	16.40±3.98	15.36±4.44	16.11±3.41	0.641
客观支持	19.71±4.31	20.46±4.60	20.85±4.28	20.72±4.78	21.78±4.99	1.491
支持利用度	18.58±4.78	18.35±4.63	19.23±5.13	18.60±6.13	16.44±5.46	1.255
社会支持	54.32±9.98	54.67±11.13	56.48±11.55	54.68±13.51	54.33±11.61	0.874

表 5-9 表明，贵州少数民族初中生的社会支持各方面在母亲文化程度这一因素上均不存在显著差异。

四、是否独生子女对贵州少数民族初中生社会支持的影响分析

以贵州少数民族初中生社会支持各方面为因变量，是否独生子女为自变量进行独立样本 t 检验，结果如表 5-10 所示。

表 5-10　贵州少数民族初中生社会支持的是否独生子女差异

因变量	是（N=44）		否（N=524）		t
	M	SD	M	SD	
主观支持	16.27	4.28	16.01	3.90	0.433
客观支持	21.30	4.63	20.34	4.45	1.371
支持利用度	18.59	5.16	18.63	4.79	-0.049
社会支持	56.16	11.88	54.97	11.02	0.683

表 5-10 表明，贵州少数民族初中生的社会支持各方面在是否独生子女方面均不存在显著差异。

五、家庭氛围对贵州少数民族初中生社会支持的影响分析

以贵州少数民族初中生社会支持各方面为因变量，家庭氛围类型为自变量进行单因素方差分析，结果如表 5-11 所示。

表 5-11　贵州少数民族初中生社会支持的家庭氛围差异（$M\pm SD$）

	①非常融洽（N=215）	②比较融洽（N=311）	③经常吵架（N=42）	F	LSD
主观支持	16.66±3.97	15.70±3.78	15.24±4.45	4.754**	①>②③
客观支持	20.99±4.55	20.16±4.33	19.29±4.73	3.628*	①>②③
支持利用度	19.31±4.85	18.35±4.71	17.17±5.08	4.639**	①>②③
社会支持	56.95±11.35	54.21±10.70	55.06±11.17	6.078**	①>②③

表 5-11 表明，不同家庭氛围的少数民族初中生在社会支持总分以及在主观支持、客观支持、支持利用度方面均存在非常显著的差异。具体

表现为：主观支持方面，家庭氛围非常融洽的少数民族初中生的社会支持显著高于家庭氛围比较融洽和经常吵架的初中生。客观支持和支持利用度方面，同样表现出家庭氛围非常融洽的少数民族初中生的社会支持显著高于家庭氛围比较融洽和经常吵架的初中生。换言之，家庭氛围越融洽，少数民族初中生的社会支持越高，均值图如下图5-5所示。

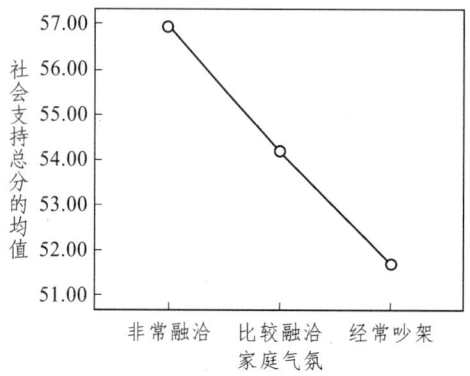

图 5-5 不同家庭氛围少数民族初中生社会支持的均值图

六、留守情况对贵州少数民族初中生社会支持的影响分析

以贵州少数民族初中生社会支持各方面为因变量，留守情况为自变量进行单因素方差分析，结果如表5-12所示。

表 5-12 贵州少数民族初中生社会支持的留守情况差异（$M\pm SD$）

因变量	①父母均在家（N=253）	②父亲外出（N=88）	③母亲外出（N=35）	④均外出（N=192）	F	LSD
主观支持	16.33±3.84	16.03±4.04	15.09±4.15	15.79±3.94	1.411	
客观支持	20.89±4.18	20.05±4.44	18.43±4.45	20.31±4.75	3.547*	①④>③
支持利用度	19.00±4.85	18.57±4.70	17.00±3.53	18.45±5.00	1.932	
社会支持	56.22±10.67	54.65±11.06	50.51±9.46	54.55±11.70	3.097*	①④>③

表5-12表明，不同留守情况的少数民族中学生仅在客观支持和社会支持总分上存在常显著的差异。具体表现为：在客观支持和社会支持总分上，父母均在家和父母均外出的少数民族初中生的社会支持显著高于

母亲外出的初中生。贵州少数民族初中生社会支持在留守情况下具体的变化趋势如图5-6所示。

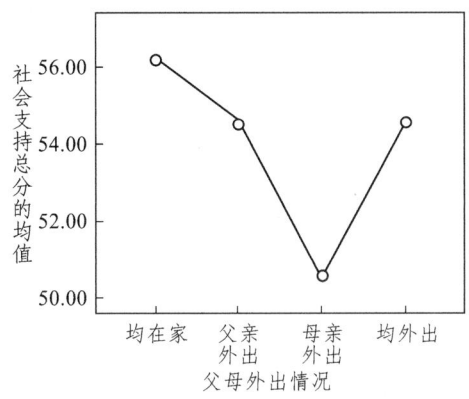

图 5-6　不同留守情况少数民族初中生社会支持的均值图

七、与父亲关系情况对贵州少数民族初中生社会支持的影响分析

以贵州少数民族初中生社会支持各方面为因变量，与父亲关系类型为自变量进行单因素方差分析，结果如表5-13所示。

表 5-13　贵州少数民族初中生社会支持与父亲关系的差异（$M\pm SD$）

因变量	①关系紧张（$N=41$）	②关系一般（$N=220$）	③关系融洽（$N=307$）	F	LSD
主观支持	14.85±4.78	15.45±3.52	16.59±4.00	7.516***	①②<③
客观支持	18.95±4.30	19.83±4.49	21.02±4.38	7.043***	①②<③
支持利用度	17.41±5.19	17.79±4.29	19.39±5.01	8.698***	①②<③
社会支持	51.22±11.58	53.07±9.96	57.00±11.42	11.078***	①②<③

表5-13表明，与父亲关系不同的少数民族初中生在社会支持总分以及在主观支持、客观支持、支持利用度方面均存在非常显著的差异。具体表现为：在社会支持各方面，与父亲关系融洽的少数民族初中生的社会支持显著高于与父亲关系紧张和关系一般的初中生。总体上，与父亲关系越融洽的数民族初中生的社会支持越高，均值图如下图5-7所示。

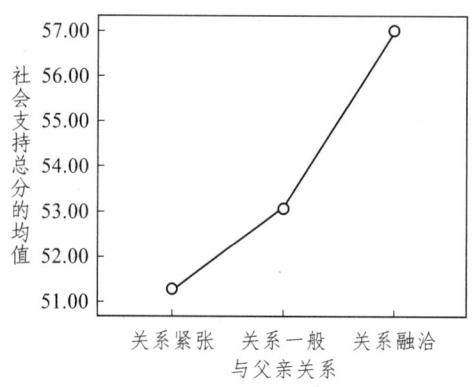

图 5-7 与父亲关系不同的少数民族初中生社会支持的均值图

八、与母亲关系情况对贵州少数民族初中生社会支持的影响分析

以贵州少数民族初中生社会支持各方面为因变量,与母亲关系类型为自变量进行单因素方差分析,结果如表 5-14 所示。

表 5-14 贵州少数民族初中生社会支持与母亲关系的差异（$M±SD$）

因变量	①关系紧张 (N=27)	②关系一般 (N=182)	③关系融洽 (N=359)	F	LSD
主观支持	14.22±4.17	15.46±3.79	16.45±3.92	7.009***	①②<③
客观支持	17.22±4.59	19.45±4.43	21.14±4.28	16.720***	①②<③①<②
支持利用度	17.63±5.16	17.88±4.64	19.08±4.84	4.341*	②<③
社会支持	49.07±12.05	52.79±10.54	56.66±10.95	11.946***	①②<③

表 5-14 表明,与母亲关系不同的少数民族初中生在社会支持总分以及在主观支持、客观支持、支持利用度方面均存在显著的差异。具体表现为:在主观支持和客观支持方面,与母亲关系融洽的少数民族初中生的社会支持显著高于与母亲关系紧张和关系一般的初中生。同时在客观支持上,与母亲关系一般的少数民族初中生的社会支持显著高于与母亲关系紧张的初中生。在支持利用度方面,与母亲关系融洽的少数民族初中生显著高于与母亲关系一般的初中生。总体上,与母亲关系越融洽的数民族初中生的社会支持越高,均值图如下图 5-8 所示。

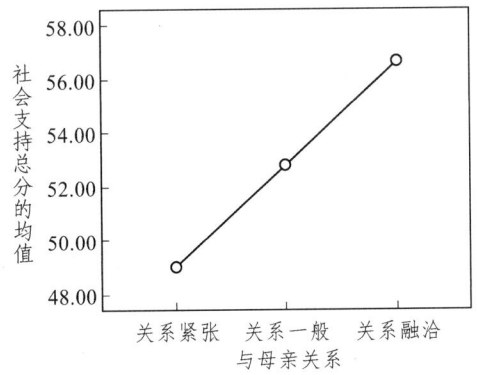

图 5-8　与母亲关系不同的少数民族初中生社会支持的均值图

第四节　贵州少数民族初中生心理韧性品质与社会支持的关系分析

一、贵州少数民族初中生心理韧性品质与社会支持的相关分析

贵州少数民族初中生心理韧性品质的目标定向、情绪控制、积极认知、家庭支持、人际协助、韧性个人力、韧性支持力及韧性品质总分与主观支持、客观支持、支持利用度和社会支持总分的皮尔逊积差相关分析结果如下表 5-15 所示。

表 5-15　贵州少数民族初中生心理韧性品质与社会支持的相关分析

	主观支持	客观支持	支持利用度	社会支持总分
目标专注	0.404**	0.306**	0.359**	0.422**
情绪控制	0.126**	0.004**	0.081**	0.081**
积极认知	0.314**	0.273**	0.209**	0.313**
家庭支持	0.275**	0.309**	0.351**	0.374**
人际协助	0.331**	0.272**	0.496**	0.442**
韧性个人力	0.400**	0.267**	0.309**	0.384**
韧性支持力	0.377**	0.354**	0.533**	0.508**
韧性总分	0.475**	0.378**	0.510**	0.542**

表 5-15 表明，贵州少数民族初中生目标定向、积极认知、家庭支持、人际协助、韧性个人力、韧性支持力及韧性品质总分与主观支持、客观支持、支持利用度和社会支持总分显著正相关，相关系数在 0.209~0.533 之间，韧性支持力与支持利用度的相关程度最高为 0.533，社会支持总分与心理韧性总分的相关系数大小为 0.542，呈较高程度相关。而情绪控制只与主观支持呈显著正相关，与客观支持、支持利用度和社会支持总分均不存在显著相关。

二、贵州少数民族初中生孤独感、自我效能感与社会支持的相关分析

贵州少数民族初中生社会支持的主观支持、客观支持、支持的利用度及社会支持总分与孤独感水平的皮尔逊积差相关分析结果如表 5-16 所示。

表 5-16 贵州少数民族初中生心理韧性品质与孤独感的相关分析

	主观支持	客观支持	支持利用度	社会支持总分	孤独感	自我效能感
主观支持	1					
客观支持	0.492**	1				
支持利用度	0.547**	0.612***	1			
社会支持总分	0.790***	0.843***	0.875***	1		
孤独感	-0.446**	-0.348***	-0.319**	-0.437***	1	
自我效能感	0.356**	0.259**	0.260**	0.343***	-0.209***	1

表 5-16 表明贵州少数民族初中生社会支持各方面均与孤独感水平呈显著负相关，相关系数在-0.319~-0.46 之间，而孤独感总分与社会支持的相关系数大小为-0.437，相关水平也较高。表 5-16 同时也表明贵州少数民族初中生社会支持各方面均与自我效能感水平呈显著正相关，相关系数在 0.259~0.356 之间，而孤独感总分与社会支持的相关系数大小为 0.343，相关水平也较高。

三、社会支持对贵州少数民族初中生心理韧性品质的预测分析

（一）社会支持对贵州少数民族初中生心理韧性品质个人力的预测分析

为了进一步探讨社会支持对贵州少数民族初中生心理韧性品质中个人力的具体影响，分别以心理韧性品质的目标定向、情绪控制、积极认知、韧性个人力为因变量，以社会支持各维度及总分为自变量，进行多元和一元线性回归分析。结果如表 5-17 所示。

表 5-17 贵州少数民族初中生心理韧性品质个人力对社会支持的回归分析

因变量	预测变量	R	R^2	F	B	Beta(β)	t
目标专注	主观支持	0.436	0.190	66.341***	0.282	0.296	6.542***
	支持利用度				0.153	0.197	4.362***
情绪控制	主观支持	0.126	0.016	9.056***	0.134	0.126	3.010**
积极认知	主观支持	0.343	0.117	37.567***	0.192	0.238	5.232***
	客观支持				0.111	0.156	3.442**
韧性个人力	主观支持	0.414	0.172	58.574***	0.636	0.329	7.198***
	支持利用度				0.204	0.130	2.833**
	社会支持总分	0.384	0.147	97.875***	0.263	0.384	9.89***

表 5-17 表明社会支持能显著正向预测心理韧性个人力各方面，具体为主观支持和支持利用度能显著预测目标专注，能共同解释 19% 的变异率；主观支持能显著预测情绪控制，能解释 1.6% 的变异率；主观支持和客观支持能显著正向预测积极认知，能共同解释 11.7% 的变异率；主观支持和支持利用度能显著预测韧性个人力，能共同解释 17.2 的变异率；社会支持总分能显著预测韧性个人力，能解释 14.7 的变异率。

（二）社会支持对贵州少数民族初中生心理韧性品质支持力的预测分析

为了进一步探讨社会支持对贵州少数民族初中生心理韧性品质中支

持力的具体影响，分别以心理韧性品质的家庭支持、人际协助、韧性支持力为因变量，以社会支持各维度及总分为自变量，进行多元和一元线性回归分析。结果如表 5-18 所示。

表 5-18 贵州少数民族初中生心理韧性品质支持力对社会支持的回归分析

因变量	预测变量	R	R^2	F	B	$Beta(\beta)$	t
家庭支持	客观支持	0.378	0.143	31.295***	0.108	0.129	2.534*
	支持利用度				0.174	0.224	4.238***
人际协助	主观支持	0.504	0.254	64.073***	0.129	0.102	2.290*
	支持利用度				0.500	0.486	9.879***
韧性支持力	主观支持	0.543	0.294	78.449***	0.214	0.119	2.733**
	支持利用度				0.674	0.459	9.582***
韧性支持力	社会支持总分	0.508	0.258	196.635***	0.324	0.508	14.023***

表 5-18 表明社会支持能显著正向预测心理韧性支持力各方面，具体为客观支持和支持利用度能显著预测家庭支持，能共同解释 14.3%的变异率；主观支持和支持利用度能显著预测人际协助，能共同解释 25.4%的变异率；主观支持和支持利用度能显著正向预测心理韧性支持力，能共同解释 29.4%的变异率；社会支持总分能显著预测心理韧性支持力，能解释 25.8 的变异率。

四、社会支持对贵州少数民族初中生孤独感、自我效能感的预测分析

（一）社会支持对贵州少数民族初中生孤独感的预测分析

为了进一步探讨社会支持对贵州少数民族初中生孤独感的具体影响，分别以社会支持的主观支持、客观支持、支持利用度和社会支持总分为自变量，以孤独感为因变量，进行线性回归分析。结果如表 5-19 所示。

表 5-19 贵州少数民族初中生孤独感对社会支持的回归分析

因变量	预测变量	R	R^2	F	B	$Beta(\beta)$	t
孤独感	主观支持	0.470	0.221	53.386***	-0.776	-0.328	-4.587***
	客观支持				-0.267	-0.128	-1.576
	社会支持总分				-0.058	-0.070	-0.601

表 5-19 表明社会支持中的主观支持能显著负向预测少数民族初中生的孤独感，主观支持能显著预测孤独感，能解释 22.1%的变异率。

（二）社会支持对贵州少数民族初中生自我效能感的预测分析

为了进一步探讨社会支持对贵州少数民族初中生自我效能感的具体影响，以自我效能感为因变量，以社会支持各维度及总分为自变量，进行线性回归分析。结果如表 5-50 所示。

表 5-20 贵州少数民族初中生自我效能感对社会支持的回归分析

因变量	预测变量	R	R^2	F	B	$Beta(\beta)$	t
自我效能感	主观支持	0.371	0.137	29.914***	0.379	0.244	3.239**
	客观支持				0.055	0.040	0.466
	社会支持总分				0.065	0.117	0.963

表 5-20 表明社会支持中的主观支持能显著正向预测自我效能感，具体为主观支持能显著预测家庭支持，能共同解释 13.7%的变异率。

第五节　贵州少数民族初中生社会支持状况及与心理韧性品质的关系讨论

一、贵州少数民族初中生社会支持状况讨论

对贵州少数民族初中生的研究结果表明少数民族初中生的社会支持属于中等偏上水平，这说明少数民族初中生的优秀传统民俗、美德及文化对其社会支持这一优秀内在心理品质产生了积极的影响。与研究设想类似，本研究认为贵州少数民族青少年虽然当中的许多人在经济相对落后的山区成长，但是由于贵州许多少数民族都存在善解人意、积极向上、不怕艰苦的优秀传统美德，在这种环境下成长起来的少数民族青少年耳濡目染，培养了自己较好地理解他人、换位思考、积极向上的积极心理品质，也促进了社会支持发展。以往研究也表明社会支持受多方面的影响。冯梅和张卫芹（2013）研究表明是否独生子女对调查样本的社会支

持没有影响，与本研究结论一致。陈友庆和张瑞（2013）对留守初中生的社会支持与心理韧性的关系研究表明留守女生比男生更擅长向身边人求助和倾诉，对支持的利用度高于男生，与本研究的性别对社会支持的影响结论相一致。黄瑞苗（2012）研究表明不同年级在主观支持和客观支持上差异非常显著。客观支持表现为初三＞初二＞初一，而主观支持则表现为初一＞初二＞初三。对支持利用度方面，女生比男生能获得更多的社会支持。班干部在初中生社会支持的三维度上均高于非班干部。除了在主观支持方面外，结论与本研究一致较高。从总体上看，本研究与以往研究结论较一致。

研究结果表明贵州少数民族初中生的社会支持在年级上存在显著差异，主观支持、支持利用度和社会支持总分几方面，七年级的少数民族初中生显著低于八年级和九年级的初中生，这应该是由青少年的心理认知发展状况及特点所决定的，七年级的初中生由于正处于小学和初中的过渡阶段，心理存在一定的矛盾性，相对于八年级和九年级的学生，心智不够成熟，思考问题不够理智。而八年级、九年级的学生正处于心理发展的第二加速期，这个年龄阶段的初中生心智会变得更加成熟，考虑问题也更加理性和敏感，使他们更易感知到外界事物的变化，在面对困难时更易采取积极的应对方式。

担任班干部的少数民族初中生主观支持和社会支持总分显著高于未担任班干部的初中生。担任班干部能得到各方面的锻炼，一方面能拓宽自己的人际范围，充分展现个人风采；另一方面能增强自己的胆识，敢于在公众场合发言，也提升了自己的语言组织与表达能力。所以担任班干的少数民族初中生更易获得社会支持。

研究结果表明学习成绩越好的少数民族初中生的主观支持越高，这说明学习成绩优秀会对少数民族初中生的主观支持具有较大的促进作用。成绩优秀的少数民族初中生对自己的认识更加积极、自信，对自己的定位更加准确、清晰，对长远的目标更持之以恒，具有较强的逻辑思辨能力，能积极主动地思考和解决自己所遇到的难题。另外，学习成绩较好的少数民族初中生获得家庭父母和学校老师同学的关注也相对较多，存在着期望效应。

研究结果得到不同学习压力的少数民族中学生在社会支持各方面均不存在显著的差异。有相关研究表明学习压力和社会支持会直接影响学生的心理健康，但二者却没有因果关系。本研究也比较符合此结论。

家庭经济状况并不会对少数民族初中生的社会支持造成太大的影响，从调查结果发现，家庭经济状况好心理韧性品质也会相对高一些，但是经济状况最好的少数民族初中生的心理韧性品质却不是最高的，反而家庭经济状况一般的少数民族初中生的社会支持却表现最高。这说明，家庭经济状况好坏不一定会决定少数民族初中生社会支持的高度。家庭经济状况一般的少数民族初中生可能压力没那么大，父母对他们的要求也不会过高，在家庭中更容易获得支持，这类初中生碰到难题则更积极主动地从家庭中寻求帮助来解决难题。

文化程度不同的父母对贵州少数民族初中生在社会支持总分客观支持方面存在显著差异，具体表现为父亲文化程度为未上过学和仅上了小学的少数民族初中生客观支持显著低于父亲文化程度为初中及大专以上的少数民族初中生，同时父亲文化程度为初中和高中的少数民族初中生客观支持显著低于父亲文化程度为大专以上的少数民族初中生。在社会支持总分上父亲的文化水平是高中及以下的少数民族初中生均低于大专以上，且父亲文化程度为小学的少数民族初中生社会支持显著低于父亲文化程度为初中的少数民族初中生。这说明父母的教育背景在一定程度上会对少数民族初中生的社会支持产生影响。

家庭氛围会对少数民族初中生的社会支持产生重要影响，家庭氛围越融洽，少数民族初中生的社会支持水平越高。家庭氛围是少数民族初中生社会支持的重要影响因素。少数民族初中生在家庭氛围融洽的环境中获得的理解、宽容和爱越多，其社会支持就越高。而在家庭氛围为经常吵架的家庭成长起来的少数民族初中生从家庭中获得的关爱也相对少，这类少数民族初中生的社会支持就比较低。

留守情况主要在少数民族初中生客观支持和总分上产生影响，父母均在家和父母均外出的少数民族初中生的社会支持显著高于母亲外出的初中生。说明母亲对少数民族初中生的社会支持影响比较大，而父亲的影响较小。

与父母亲关系越融洽的少数民族初中生社会支持越高。与父母之间关系越融洽，共同话题也会越多，相处也会更愉悦，相对而言，从父母那里得到的关爱与支持的可能性也就越大，社会支持系统会更加完善，所以他们的社会支持也就越高。

二、贵州少数民族初中生心理韧性品质与社会支持的关系讨论

本研究表明少数民族初中生社会支持各方面与心理韧性品质各方面均存在显著正相关，换言之，少数民族初中生获得的社会支持越多，其心理韧性品质就越高，社会支持是少数民族初中生心理韧性的重要影响因素。若要提高少数民族初中生的心理韧性品质这一重要的优秀品质，就必须给予少数民族初中生更多的社会支持，不管主观上的还是客观上的，少数民族初中生都需要更多的社会支持。这与以往研究结果一致，马文燕等（2016），苑杰等（2016），宋潮、麻超、张怡萱（2016），韩秋念、廖全明（2015），赵燕、张翔等（2014）对留守儿童和流动儿童的研究均表明社会支持与心理韧性存在显著正相关，社会支持能非常显著正向预测留守儿童或流动儿童的心理韧性水平。聂衍刚等（2015）对1003名青少年学生研究表明青少年社会支持与心理弹性显著相关，社会支持对心理弹性具有显著的预测作用，肖梦洁（2015）研究得到留守儿童的社会支持能正向预测心理弹性，宋广文等（2014）为探讨学优生、学困生心理健康的影响机制研究表明，学优生、学困生社会支持对心理弹性有直接影响，社会支持则通过心理弹性间接影响心理健康状况。

第六章
贵州少数民族初中生孤独感状况及与心理韧性品质的研究

第一节 贵州少数民族初中生孤独感的基本状况

一、贵州少数民族初中生孤独感的总体情况

通过描述统计对贵州少数民族初中生孤独感的总体情况及题平均得分进行分析，基本状况如表 6-1 所示。

表 6-1 贵州少数民族初中生孤独感的基本状况

	Min	Max	平均数	标准差	每题平均得分
孤独感	17.00	72.00	39.85	9.31	2.49

表 6-1 表明，贵州少数民族初中生孤独感的总体情况居于中等水平。

根据少数民族初中生孤独感的总分绘制柱形分布图，结果如图 6-1 所示。

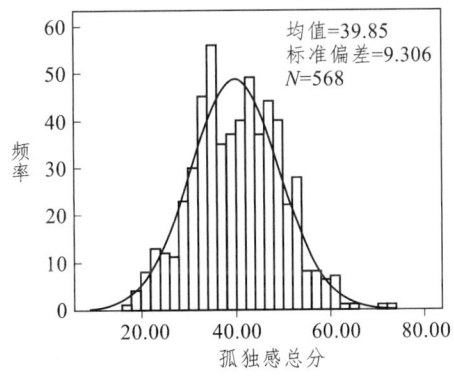

图 6-1 贵州少数民族初中生孤独感的分布图

从图 6-1 贵州少数民族初中生孤独感的总体分布图表明，少数民族初中生孤独感属于正态分布，大多数的初中生处于中等水平的孤独感。

二、贵州少数民族初中生的孤独感在性别上的差异分析

以孤独感为因变量，性别为自变量进行独立样本 t 检验，结果如表 6-2 所示。

表 6-2　少数民族初中生孤独感的性别差异

因变量	性别	N	均值	标准差	t	p
孤独感	男	283	40.08	9.07	0.589	0.556
	女	285	39.62	9.55		

表 6-2 表明，贵州少数民族初中生孤独感不存在显著的性别差异。

第二节　学校因素对贵州少数民族初中生孤独感的影响分析

一、不同年级少数民族初中生的孤独感差异分析

为了探讨不同年级少数民族初中生的孤独感差异，以孤独感为因变量，年级为自变量进行描述统计和单因素方差分析，结果如表 6-3 所示。

表 6-3　不同年级少数民族初中生孤独感的单因素方差分析

因变量	年级	N	均值	标准差	极小值	极大值	F	p
孤独感	七年级	148	40.84	9.38	21.00	71.00	1.380	0.252
	八年级	264	39.73	8.38	21.00	61.00		
	九年级	156	39.10	10.61	17.00	72.00		

表 6-3 的分析结果表明不同年级的少数民族初中生在孤独感总体上不存在显著差异。

二、是否担任班干部少数民族初中生的孤独感差异分析

以孤独感为因变量，是否担任班干部为自变量对少数民族初中生孤

独感进行独立样本 t 检验。结果如表 6-4 所示。

表 6-4 少数民族初中生孤独感在是否担任班干部上的差异分析

因变量	是否担任班干部	N	均值	标准差	t	p
孤独感	未担任班干	343	41.26	8.98	4.299	0.000
	班干	93	36.72	9.18		

表 6-4 表明，担任班干部和未担任班干部的中学生在孤独感总分上表现出显著的差异，具体从表现情况来看，表现出未担任班干部的少数民族初中生在孤独感程度上均显著高于担任班干部的初中生的孤独感水平。

三、不同学习成绩水平少数民族初中生的孤独感差异分析

为了分析学习成绩水平对贵州省少数民族初中生孤独感的影响情况，以孤独感总分为因变量，学习成绩水平为自变量进行描述统计和单因素方差分析，结果见表 6-5 所示。

表 6-5 不同学习成绩少数民族初中生孤独感的单因素方差分析

因变量	学习成绩	N	平均数	标准差	极大值	极小值	F	p
孤独感	好	28	35.86	10.82	17.00	54.00	7.417	0.001
	中	472	39.60	9.10	18.00	71.00		
	差	68	43.24	9.20	23.00	72.00		

表 6-5 的分析结果表明不同学习成绩水平的少数民族初中生在孤独感总体上存在显著的差异，成绩好和成绩差的中学生的孤独感表现出不一样的特点，并且不同学习成绩水平之间初中生的孤独感总体上差异较大。以不同学习成绩学生的孤独感总分平均值为纵轴，学习成绩水平为横轴绘制均值图以观测不同学习成绩水平少数民族初中生孤独感总体的变化情况，不同学习成绩学生孤独感变化趋势如图 6-2 所示。

图 6-2 得到各学习成绩水平少数民族初中生的孤独感，总体上成绩差的少数民族初中生孤独感最严重，而成绩好的少数民族初中生孤独感最低，总体上表现出成绩越差少数民族初中生的孤独感越严重的变化趋

势。为了具体了解不同学习成绩水平少数民族初中生在孤独感总分上的具体差异情况，对各学习成绩水平少数民族初中生孤独感进行多重事后检验，具体分析结果见表6-6。

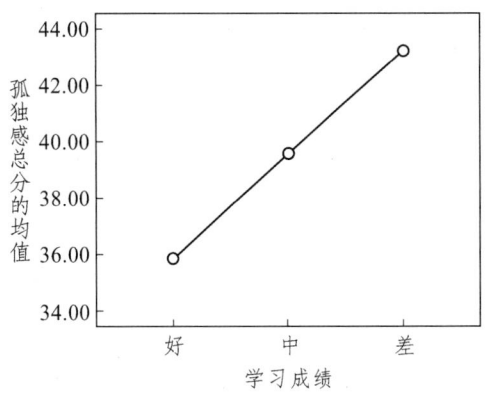

图6-2 不同学习成绩少数民族初中生孤独感均值变化趋势图

表6-6 不同学习成绩少数民族初中生孤独感的两两事后比较分析

因变量	（I）学习成绩	（J）学习成绩	均值差（I-J）	标准误	显著性
孤独感	好	中	-3.74	1.79	0.037
		差	-7.38	2.07	0.000
	中	差	-3.64	1.19	0.002

表6-6的多重事后检验表明，在孤独感上，成绩较好的少数民族初中生其孤独感显著低于成绩中等的和成绩差的少数民族初中生，并且成绩中等的少数民族初中生的孤独感也显著低于成绩差的初中生的孤独感，说明在不同学习成绩水平的少数民族初中生当中，成绩差的少数民族初中生孤独感是最严重的，并且与成绩好的少数民族初中生的孤独感的差别还比较大。

四、不同学习压力少数民族初中生的孤独感差异分析

以孤独感为因变量，学习压力情况为自变量对少数民族初中生孤独感进行描述统计和单因素方差分析，结果如表6-7所示。

表 6-7　少数民族初中生孤独感的不同学习压力差异

因变量	学习压力	N	均值	标准差	极小值	极大值	F	显著性
孤独感	几乎没有压力	37	42.97	11.69	18.00	60.00	3.053	0.048
	压力较小	271	39.13	8.77	17.00	60.00		
	压力很大	260	40.15	9.40	19.00	72.00		

表 6-7 表明，不同学习压力的少数民族初中生在孤独感上表现出显著的差异，不同学习压力水平之间初中生的孤独感总体上差异较大。以不同学习压力初中生的孤独感总分平均值为纵轴，学习压力水平为横轴绘制均值图以观测不同学习压力水平少数民族初中生孤独感总体的变化情况，不同学习压力初中生孤独感变化趋势如图 6-3 所示。

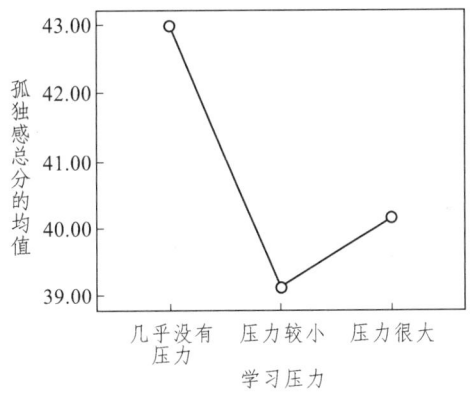

图 6-3　不同学习压力少数民族初中生孤独感均值变化趋势图

图 6-3 得到各学习压力少数民族初中生的孤独感，几乎没有学习压力的少数民族初中生孤独感最严重，而压力较小的少数民族初中生孤独感最低。为了具体了解不同学习压力水平少数民族初中生在孤独感上的具体差异情况，对各学习压力水平少数民族初中生孤独感进行多重事后检验，具体分析结果见表 6-8。

表 6-8　不同学习压力少数民族初中生孤独感的两两事后比较分析

因变量	（I）学习压力	（J）学习压力	均值差（I-J）	标准误	显著性
孤独感	几乎没有压力	压力较小	3.84	1.63	0.018
		压力很大	2.82	1.63	0.084
	压力较小	压力很大	-1.02	0.80	0.205

表 6-8 的多重事后检验表明，在孤独感上，几乎没有压力的少数民族初中生其孤独感显著高于压力较小的少数民族初中生，在不同学习压力水平的少数民族初中生当中，几乎没有压力的少数民族初中生孤独感是最严重的，并且与压力较小的少数民族初中生的孤独感的差别还比较大。

第三节 家庭因素对贵州少数民族初中生孤独感的影响分析

一、是否独生子女少数民族初中生的孤独感差异分析

以孤独感为因变量，是否独生子女为自变量对贵州少数民族初中生的孤独感进行独立样本 t 检验，结果如表 6-9 所示。

表 6-9 少数民族初中生孤独感的是否独生子女差异

因变量	是否独生子女	N	均值	标准差	t	p
孤独感	独生子女	44	36.00	8.94	-2.873	0.004
	非独生子女	524	40.17	9.27		

表 6-9 表明，独生子女和非独生子女少数民族初中生在孤独感上有显著的差异，非独生子女的少数民族初中生其孤独感显著高于独生子女的少数民族初中生。

二、少数民族初中生孤独感的家庭居住地差异分析

以孤独感为因变量，对分别来自城区、乡镇和乡村的少数民族初中生孤独感进行描述统计和单因素方差分析，结果如表 6-10 所示。

表 6-10 少数民族初中生孤独感的家庭居住地差异

因变量	家庭居住地	N	均值	标准差	极小值	极大值	F	p
孤独感	城区	19	37.89	11.08	19.00	57.00	1.596	0.204
	乡镇	123	38.79	8.81	21.00	61.00		
	农村	426	40.24	9.35	17.00	72.00		

表 6-10 表明，来自不同家庭居住地的贵州少数民族初中生在孤独感上不存在显著的差异。

三、不同家庭经济状况少数民族初中生的孤独感差异分析

为了深入了解家庭经济状况对少数民族初中生孤独感的影响，以少数民族初中生的家庭经济状况为自变量，以孤独感为因变量进行描述统计和单因素方差分析，结果如表 6-11 所示。

表 6-11　不同家庭经济状况少数民族初中生孤独感的单因素方差分析

因变量	家庭经济状况	N	均值	标准差	极小值	极大值	F	P
孤独感	较好	54	41.00	10.05	19.00	56.00	2.751	0.042
	一般	382	39.11	9.21	17.00	62.00		
	较差	106	41.16	9.22	21.00	71.00		
	贫穷	26	42.92	8.56	27.00	72.00		

表 6-11 的分析结果表明不同家庭经济状况的少数民族初中生在孤独感上存在显著的差异，不同家庭经济状况少数民族初中生在孤独感上的变化较大。以不同家庭经济状况少数民族初中生孤独感平均值为纵轴，经济状况为横轴绘制均值图以观测不同家庭经济状况少数民族初中生孤独感的基本变化趋势，具体变化情况如图 6-4 所示。

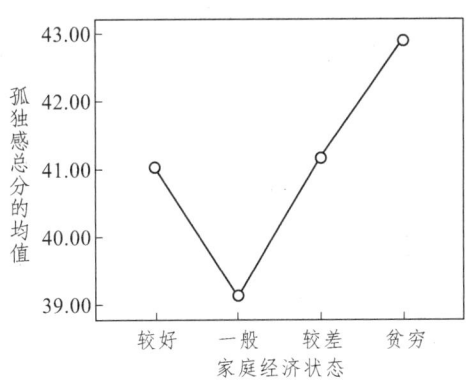

图 6-4　不同家庭经济状况少数民族初中生孤独感均值变化趋势图

图 6-4 得到在不同家庭经济状况的少数民族初中生的孤独感中，家

庭经济状况贫穷的少数民族初中生孤独感最严重，而家庭经济状况一般的少数民族初中生孤独感最低。为了具体了解不同家庭经济状况少数民族初中生在孤独感上的具体差异情况，对不同家庭经济状况少数民族初中生的孤独感进行多重事后检验，具体分析结果见表6-12。

表6-12　不同家庭经济状况少数民族初中生孤独感的两两事后比较分析

因变量	（I）家庭经济状况	（J）家庭经济状况	均值差（I-J）	标准误	显著性
孤独感	较好	一般	1.89	1.35	0.161
		较差	-0.16	1.55	0.918
		贫穷	-1.92	2.21	0.385
	一般	较差	-2.05	1.02	0.044
		贫穷	-3.81	1.88	0.043
	较差	贫穷	-1.76	2.03	0.385

表6-12的多重事后检验表明，在孤独感上，家庭经济状况较差和贫穷的少数民族初中生其孤独感显著高于家庭经济状况一般的少数民族初中生，在不同家庭经济状况的少数民族初中生当中，家庭经济状况一般的少数民族初中生孤独感是最弱的。

四、不同家庭氛围少数民族初中生的孤独感差异分析

为了深入分析家庭氛围对少数民族初中生孤独感的影响情况，以孤独感为因变量，家庭氛围为自变量进行描述统计和单因素方差分析，结果见表6-13所示。

表6-13　不同家庭氛围少数民族初中生孤独感的单因素方差分析

因变量	家庭氛围	N	均值	标准差	极小值	极大值	F	P
孤独感	非常融洽	215	38.82	10.05	17.00	72.00	2.583	0.076
	比较融洽	311	40.29	8.70	18.00	71.00		
	经常吵架	42	41.79	9.32	21.00	61.00		

表6-13的分析结果表明不同家庭氛围少数民族初中生在孤独感上不存在显著的差异，但是不同家庭氛围的少数民族初中生其孤独感总体上

表现出不一样的特点。以不同家庭氛围少数民族初中生的孤独感平均值为纵轴,家庭氛围为横轴,绘制均值图以观测不同家庭氛围少数民族产生的孤独感变化情况,具体的变化趋势如图6-5所示。

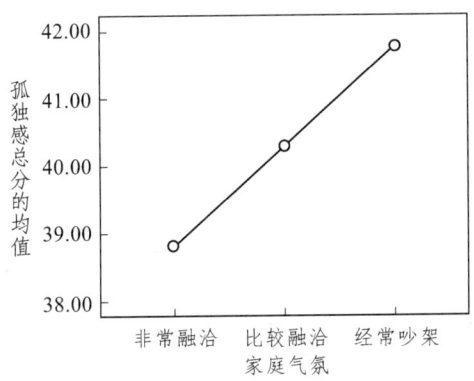

图 6-5　不同家庭氛围少数民族初中生孤独感均值变化趋势图

图6-5得到在不同家庭氛围中成长起来的少数民族初中生孤独感的变化趋势,家庭氛围最不和谐少数民族初中生孤独感最严重,而家庭氛围非常融洽的少数民族初中生孤独感最低。

五、父亲文化程度不同少数民族初中生的孤独感差异分析

为了深入分析父亲文化程度对少数民族初中生孤独感的影响,以少数民族初中生孤独感为因变量,父亲文化程度为自变量进行描述统计和单因素方差分析,结果见表6-14所示。

表 6-14　父亲文化程度不同少数民族初中生孤独感的单因素方差分析

因变量	父亲文化程度	N	均值	标准差	极小值	极大值	F	p
孤独感	未上过学	17	42.59	8.74	29.00	61.00	3.781	0.005
	小学	210	41.32	8.74	20.00	71.00		
	初中	254	38.73	9.66	17.00	72.00		
	高中	57	40.40	8.66	22.00	58.00		
	大专以上	30	36.37	9.90	19.00	57.00		

表6-14的分析结果表明父亲文化程度不同的少数民族初中生在孤独

感上存在显著的差异，不同父亲文化程度少数民族初中生在孤独感上的表现变化较大，即父亲文化程度对少数民族初中生的孤独感影响较大。以不同父亲文化程度少数民族初中生的孤独感平均值为纵轴，父亲文化程度为横轴绘制均值图以观测不同父亲文化程度少数民族初中生孤独感的变化趋势，具体情况如图 6-6 所示。

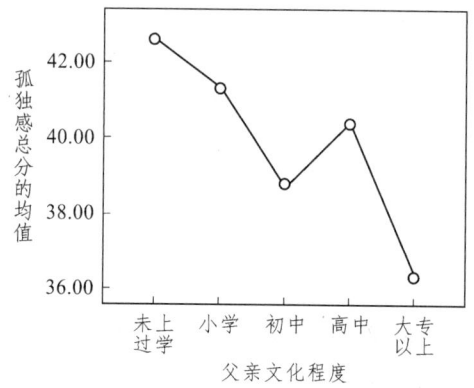

图 6-6　父亲文化程度不同少数民族初中生孤独感均值变化趋势图

图 6-6 得到在父亲文化程度不同的少数民族初中生的孤独感中，父亲文化为从未上过学的少数民族初中生孤独感最严重，而父亲文化程度为大专以上的少数民族初中生孤独感最低。为了具体了解不同父亲文化程度的少数民族初中生在孤独感上的具体差异情况，对不同父亲文化程度少数民族初中生的孤独感进行多重事后检验，具体分析结果见表 6-15。

表 6-15　父亲文化程度不同少数民族初中生孤独感的两两事后比较分析

因变量	（I）父亲文化程度	（J）父亲文化程度	均值差（I-J）	标准误	显著性
孤独感	未上过学	小学	1.26	2.32	0587
		初中	3.86	2.31	0.095
		高中	2.18	2.55	0.391
		大专以上	6.22	2.80	0.027
	小学	初中	2.60	0.86	0.003
		高中	0.92	1.38	0.504
		大专以上	4.96	1.80	0.006
	初中	高中	-1.68	1.35	0.215
		大专以上	2.36	1.78	0.185
	高中	大专以上	4.04	2.08	0.053

表 6-15 的多重事后检验表明，在孤独感上，父亲文化为从未上过学的少数民族初中生其孤独感显著高于父亲文化为大专以上的少数民族初中生，同时父亲文化为小学的少数民族初中生其孤独感显著高于父亲文化为初中和大专以上的少数民族初中生。

六、母亲文化程度不同少数民族初中生孤独感差异分析

为了深入分析母亲文化程度对少数民族初中生孤独感的影响情况，首先以孤独感为因变量，以母亲文化程度为自变量进行描述统计和单因素方差分析，结果见表 6-16 所示。

表 6-16 母亲文化程度不同少数民族初中生孤独感的单因素方差分析

因变量	母亲文化程度	N	均值	标准差	极小值	极大值	F	p
孤独感	未上过学	142	41.86	8.84	21.00	71.00	3.254	0.012
	小学	240	39.94	9.24	18.00	72.00		
	初中	152	38.22	9.32	17.00	61.00		
	高中	25	38.52	10.40	19.00	54.00		
	大专以上	9	36.78	10.32	20.00	50.00		

表 6-16 的分析结果表明母亲文化程度不同的少数民族初中生在孤独感上存在显著的差异，母亲文化程度不同对少数民族初中生孤独感影响较大。以不同母亲文化程度少数民族初中生孤独感平均值为纵轴，母亲文化程度为横轴绘制均值图以观测不同母亲文化程度少数民族初中生孤独感的变化趋势，如图 6-7 所示。

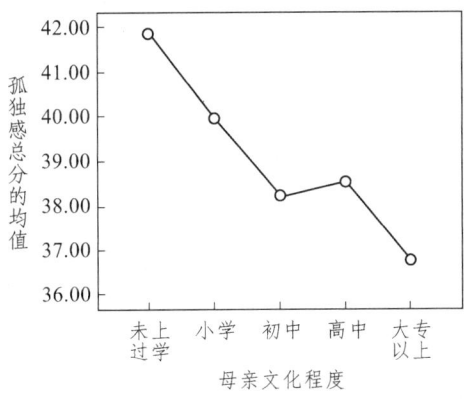

图 6-7 母亲文化程度不同初中生孤独感均值变化趋势图

由图 6-7 所示，少数民族初中生孤独感在母亲文化程度上存在显著差异，并且变化趋势较大，具体的表现情况与父亲文化程度不同少数民族初中生孤独感差异情况有不一致的地方。具体来看，母亲文化程度为未上过学的少数民族初中生孤独感是最高的，而母亲文化程度为大专以上的少数民族初中生孤独感是最低的，并且母亲文化程度为高中和初中的少数民族初中生孤独感也相对较低。为了具体了解不同母亲文化程度的少数民族初中生在孤独感上的具体差异情况，对不同母亲文化程度少数民族初中生的孤独感进行多重事后检验，具体分析结果见表 6-17。

表 6-17　母亲文化程度不同少数民族初中生孤独感的两两事后比较分析

因变量	（I）母亲文化程度	（J）母亲文化程度	均值差（I-J）	标准误	显著性
孤独感	未上过学	小学	1.92	0.98	0.050
		初中	3.64	1.08	0.001
		高中	3.34	2.00	0.096
		大专以上	5.08	3.17	0.110
	小学	初中	1.72	0.96	0.072
		高中	1.42	1.94	0.464
		大专以上	3.16	3.13	0.313
	初中	高中	-0.30	1.99	0.879
		大专以上	1.44	3.17	0.650
	高中	大专以上	1.74	3.59	0.628

表 6-17 的多重事后检验表明，在孤独感上，母亲文化为从未上过学的少数民族初中生其孤独感显著高于母亲文化为小学和初中的少数民族初中生。

七、不同留守情况少数民族初中生孤独感差异分析

为了深入分析留守情况对少数民族初中生孤独感的影响，首先分析留守初中生和非留守少数民族初中生在孤独感上的差异情况。然后以留守初中生为统计分析对象，以留守初中生的留守类型为自变量，再以留守初中生的孤独感为因变量进行方差检验。

（一）留守少数民族初中生与非留守初中生在孤独感上的差异分析

以孤独感为因变量，对留守初中生和非留守少数民族初中生进行独立样本 t 检验，结果如表 6-18 所示。

表 6-18　少数民族初中生孤独感的是否留守差异

因变量	留守与非留守	N	均值	标准差	t	p
孤独感	非留守	253	39.1818	9.44904	-1.528	0.127
	留守	315	40.3810	9.16972		

表 6-18 表明，留守和非留守少数民族初中生在孤独感上不存在显著差异，留守家庭因素并没有对少数民族初中生的孤独感产生具体的较大的影响。

（二）不同留守类型少数民族初中生在孤独感上的差异分析

为了深入了解留守情况对留守少数民族初中生孤独感产生的具体影响，分析不同留守类型对留守少数民族初中生在孤独感上的具体差异，以留守少数民族初中生的孤独感为因变量，留守类型为自变量进行描述统计和单因素方差分析，结果见表 6-19 所示。

表 6-19　不同留守类型少数民族初中生孤独感的单因素方差分析

因变量	留守类型	N	均值	标准差	极小值	极大值	F	p
孤独感	父亲外出	88	38.47	8.73	21.00	60.00	4.729	0.009
	母亲外出	35	43.94	8.78	30.00	60.00		
	均外出	192	40.61	9.26	17.00	72.00		

表 6-19 的分析结果表明不同留守类型的留守少数民族初中生在孤独感上存在显著的差异，对于留守少数民族初中生来说，留守类型对其孤独感的影响较大。以不同留守少数民族初中生的孤独感平均值为纵轴，留守类型为横轴绘制均值图以观测不同留守类型留守少数民族初中生的孤独感的变化趋势，如图 6-8 所示。

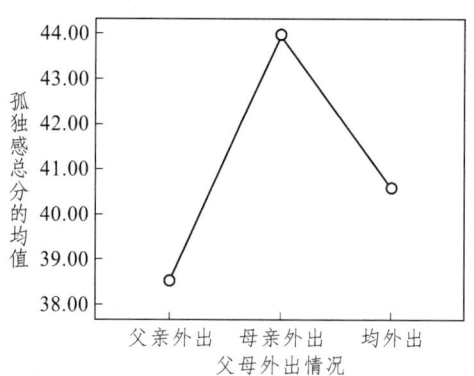

图 6-8　不同留守类型留守少数民族初中生孤独感均值变化趋势图

由图 6-8 所示，留守少数民族初中生的孤独感在不同留守类型上存在显著差异，母亲外出的少数民族初中生其孤独感是最高的，父母均外出的少数民族初中生其孤独感居中，父亲外出的留守少数民族初中生孤独感相对来说最低。为了具体了解不同留守类型的少数民族初中生在孤独感上的具体差异情况，对不同留守类型少数民族初中生的孤独感进行多重事后检验，具体分析结果见表 6-20。

表 6-20　不同留守类型少数民族初中生孤独感的两两事后比较分析

因变量	（I）父母外出情况	（J）父母外出情况	均值差（I-J）	标准误	显著性
孤独感	父亲外出	母亲外出	-5.48	1.81	0.003
	父亲外出	均外出	-2.14	1.17	0.067
	母亲外出	均外出	3.33	1.67	0.046

表 6-20 的多重事后检验表明，不同留守类型的少数民族初中生在孤独感上的显著差异主要表现在，母亲外出的留守少数民族初中生其孤独感要显著高于父亲外出和父母均外出的少数民族初中生的孤独感。

八、与父亲关系状况不同的少数民族初中生在孤独感上的差异分析

为了深入分析与父亲关系状况对少数民族初中生孤独感的影响，以少数民族初中生孤独感为因变量，与父亲关系为自变量进行描述统计和单因素方差分析，结果见表 6-21 所示。

表 6-21　与父亲关系不同的少数民族初中生孤独感的单因素方差分析

因变量	与父亲关系	N	均值	标准差	极小值	极大值	F	P
孤独感	关系紧张	41	42.46	9.66	21.00	61.00	11.504	0.000
	关系一般	220	41.71	8.82	22.00	71.00		
	关系融洽	307	38.16	9.29	17.00	72.00		

表 6-21 的分析结果表明与父亲关系不同的少数民族初中生在孤独感上存在显著的差异，与父亲关系状况不同的少数民族初中生在孤独感上的变化较大，即不同的与父亲关系状况对少数民族初中生的孤独感影响较大。以不同的与父亲关系状况少数民族初中生的孤独感平均值为纵轴，与父亲关系状况为横轴绘制均值图以观测与父亲关系状况不同的少数民族初中生孤独感的变化趋势，具体情况如图 6-9 所示。

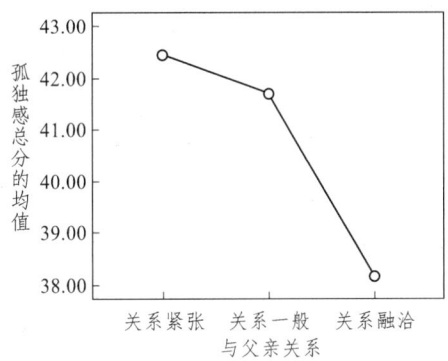

图 6-9　与父亲关系状况不同的少数民族初中生孤独感均值变化趋势图

图 6-9 得到在与父亲关系不同的少数民族初中生的孤独感中，与父亲关系紧张的少数民族初中生其孤独感最严重，与父亲关系一般的少数民族初中生孤独感居中，与父亲关系融洽的少数民族初中生孤独感最低。为了具体了解与父亲关系不同的少数民族初中生在孤独感上的具体差异情况，对与父亲关系不同的少数民族初中生的孤独感进行多重事后检验，具体分析结果见表 6-22。

表 6-22　不同父亲关系状况的少数民族初中生孤独感的两两事后比较分析

因变量	（I）与父亲关系	（J）与父亲关系	均值差（I-J）	标准误	显著性
孤独感	关系紧张	关系一般	0.75	1.55	0.630
	关系紧张	关系融洽	4.30	1.52	0.005
	关系一般	关系融洽	3.55	0.81	0.000

表6-22的多重事后检验表明,与父亲关系紧张和关系一般的少数民族初中生其孤独感均要高于与父亲关系融洽的少数民族初中生的孤独感。

九、与母亲关系状况不同的少数民族初中生在孤独感上的差异分析

为了深入分析与母亲关系状况对少数民族初中生孤独感的影响,以少数民族初中生孤独感为因变量,与母亲关系为自变量进行描述统计和单因素方差分析,结果见表6-23所示。

表6-23 与母亲关系不同的少数民族初中生孤独感的单因素方差分析

因变量	与母亲关系	N	均值	标准差	极小值	极大值	F	p
孤独感	关系紧张	27	42.59	8.10	21.00	55.00	8.889	0.000
	关系一般	182	41.87	8.95	22.00	71.00		
	关系融洽	359	38.61	9.37	17.00	72.00		

表6-23的分析结果表明与母亲关系不同的少数民族初中生在孤独感上存在显著的差异,与母亲关系状况不同的少数民族初中生在孤独感上的变化较大,即不同的与母亲关系状况对少数民族初中生的孤独感影响较大。以不同的与母亲关系状况少数民族初中生的孤独感平均值为纵轴,与母亲关系状况为横轴绘制均值图以观测与母亲关系状况不同的少数民族初中生孤独感的变化趋势,具体情况如图6-10所示。

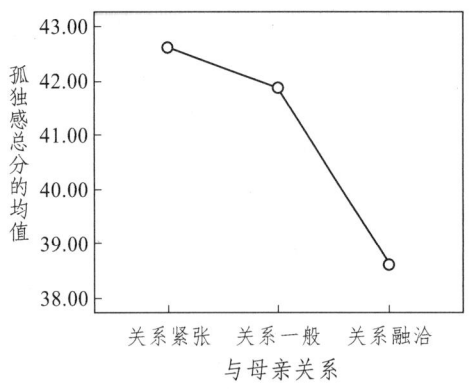

图6-10 与母亲关系状况不同的少数民族初中生孤独感均值变化趋势图

图 6-10 得到在与母亲关系不同的少数民族初中生的孤独感中，与母亲关系紧张的少数民族初中生其孤独感最严重，其次是与母亲关系一般的少数民族初中生孤独感居中，与母亲关系融洽的少数民族初中生孤独感最低。为了具体了解与母亲关系状况不同的少数民族初中生在孤独感上的具体差异情况，对与母亲关系不同的少数民族初中生的孤独感进行多重事后检验，具体分析结果见表 6-24。

表 6-24 不同母亲关系状况的少数民族初中生孤独感的两两事后比较分析

因变量	（I）与母亲关系	（J）与母亲关系	均值差（I-J）	标准误	显著性
孤独感	关系紧张	关系一般	0.72	1.89	0.704
	关系紧张	关系融洽	3.98	1.83	0.030
	关系一般	关系融洽	3.26	0.84	0.000

表 6-24 的多重事后检验表明，与母亲关系紧张和关系一般的少数民族初中生其孤独感均要高于与母亲关系融洽的少数民族初中生的孤独感。

第四节 贵州少数民族初中生孤独感与心理韧性品质的关系分析

一、贵州少数民族初中生心理韧性品质与孤独感的相关分析

贵州少数民族初中生心理韧性品质的目标定向、情绪控制、积极认知、家庭支持、人际协助、韧性个人力、韧性支持力及韧性品质总分与孤独感水平的皮尔逊积差相关分析结果如下表 6-25 所示。

表 6-25 贵州少数民族初中生心理韧性品质与孤独感的相关分析

	目标专注	情绪控制	积极认知	家庭支持	人际协助	韧性个人力	韧性支持力	心理韧性品质	孤独感
目标专注	1								
情绪控制	0.112**	1							
积极认知	0.400**	0.108*	1						
家庭支持	0.203**	0.226**	0.198**	1					

续表

	目标专注	情绪控制	积极认知	家庭支持	人际协助	韧性个人力	韧性支持力	心理韧性品质	孤独感
人际协助	0.175**	0.251**	0.056	0.310**	1				
韧性个人力	0.722**	0.654**	0.674**	0.308**	0.249**	1			
韧性支持力	0.230**	0.295**	0.144**	0.747**	0.864**	0.337**	1		
心理韧性品质	0.593**	0.588**	0.511**	0.635**	0.667**	0.832**	0.803**	1	
孤独感	-0.325**	-0.207**	-0.237**	-0.239**	-0.389**	-0.374**	-0.399**	-0.472**	1

表6-25表明贵州少数民族初中生心理韧性品质各方面均与孤独感水平呈显著负相关，相关系数在-0.207~-0.399，而孤独感总分与心理韧性总分的相关系数大小为-0.472，相关水平较高。

二、贵州少数民族初中生心理韧性品质对孤独感的预测分析

为了进一步探讨贵州少数民族初中生心理韧性品质对其孤独感的具体影响，以孤独感水平为因变量，分别以心理韧性品质的目标定向、情绪控制、积极认知、家庭支持、人际协助、韧性个人力、韧性支持力及韧性品质总分为自变量，进行多元和一元线性回归分析，结果如表6-26所示。

表6-26 贵州少数民族初中生孤独感对心理韧性品质的回归分析

因变量	预测变量	R	R^2	F	B	$Beta(\beta)$	t
孤独感总分	目标专注	0.495	0.245	36.409***	-0.503	-0.203	-4.972***
	情绪控制				-0.178	-0.08	-2.085*
	积极认知				-0.347	-0.118	-2.923**
	家庭支持				-0.153	-0.062	-1.545
	人际协助				-0.577	-0.307	-7.751***
	韧性个人力	0.374	0.140	92.048***	-0.458	-0.374	-9.594***
	韧性支持力	0.399	0.159	107.029***	-0.524	-0.399	-10.345
	心理韧性总分	0.472	0.223	162.121***	-0.366	-0.472	-12.733***

表 6-26 表明心理韧性的目标专注、情绪控制、积极认知、人际协助能显著负向预测贵州少数民族初中生的孤独感水平，可以共同解释孤独感 24.5%的变异率，而家庭支持不能显著预测。少数民族初中生的韧性个人力、韧性支持力、心理韧性总分均能分别单独显著负向预测其孤独感水平，变异解释率分别为 14%、15.9%和 22.3%，心理韧性对孤独感的预测水平较高。

第五节　贵州少数民族初中生心理韧性在社会支持与孤独感间的中介作用

一、贵州少数民族初中生心理韧性个人力在社会支持与孤独感间的中介作用

既然少数民族初中生的社会支持与孤独感呈显著负相关，社会支持与心理韧性个人力呈显著正相关，心理韧性个人力与孤独感呈显著负相关，这说明在某种程度上社会支持、心理韧性个人力对孤独感存在某种作用机制。为了进一步探讨少数民族初中生孤独感与社会支持、心理韧性个人力的关系，采用复回归分析，结果见表 6-27。

表 6-27　社会支持、心理韧性个人力对少数民族初中生孤独感的预测分析

步骤	因变量	自变量	R^2	F	B	β值	t	p
1	孤独感	社会支持	0.191	133.389***	-0.367	-0.437	-11.549	0.000
2	心理韧性个人力	社会支持	0.147	97.875***	0.263	0.384	-9.893	0.000
3	孤独感	社会支持	0.241	89.529	-0.289	-0.344	-8.659	0.000
		心理韧性个人力			-0.296	-0.242	-6.095	0.000

表 6-27 的结果表明，在第一步的回归分析中，以孤独感为因变量，社会支持为自变量，回归分析中的 β 值有显著，第二步以心理韧性个人力为因变量，社会支持为自变量，回归分析中的 β 值也显著，第三步，以孤独

感为因变量，社会支持和心理韧性个人力为自变量的 β 值也显著，并且解释率由 19.1% 增加到了 24.1%。因此，少数民族初中生社会支持可以直接影响孤独感，也可以通过心理韧性个人力对孤独感产生影响。为了更清楚地说明社会支持、心理韧性个人力和孤独感的关系，利用 AMOS 矩结构模型来考量三者的关系。

根据卞冉等人的主张，为了使样本数目与变量间呈现出较好的比例，可以依据需要对潜变量的各项目进行分组，从而得到新的观测变量。因此将孤独感的 16 个项目均按照 5 个、5 个和 6 个项目的数量分成三个小组，这样孤独感就有了相应的三组观测指标组。将社会支持作为预测变量，孤独感作为结果变量，心理韧性个人力为中介变量构建模型，模型结构结果见图 6-11。

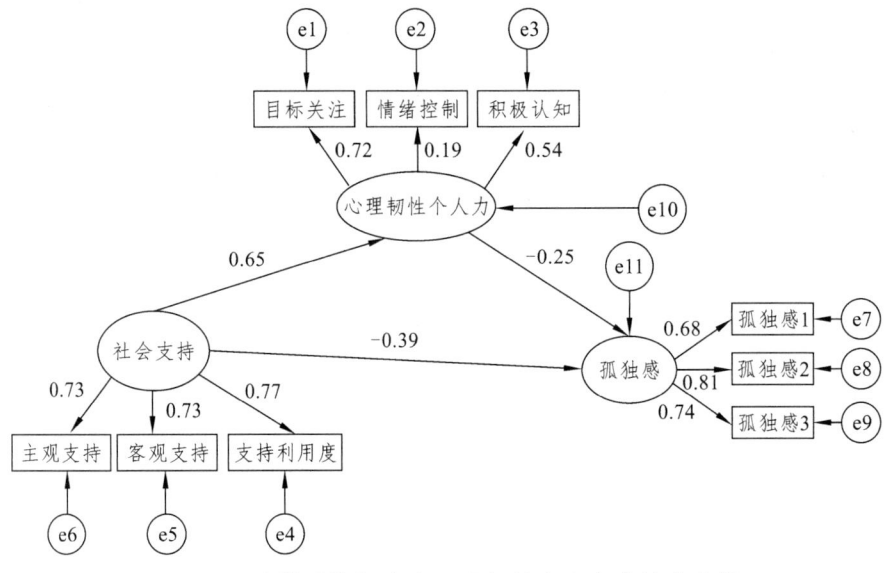

图 6-11　少数民族初中生心理韧性个人力在社会支持
与孤独感之间的中介效应模型

由图 6-11 的中介效应矩结构模型可知，在加入心理韧性个人力之后，少数民族初中生的社会支持仍能显著负向预测孤独感，且少数民族初中生的社会支持能显著正向预测心理韧性个人力，心理韧性个人力也能显著负向预测孤独感，因此说明少数民族初中生心理韧性个人力在社会支持与孤独感之间的中介作用显著，该模型的拟合指数如表 6-28 所示。

表 6-28　少数民族初中生心理韧性个人力在社会支持
与孤独感间的中介模型拟合指数

	χ^2/df	NFI	IFI	TLI	CFI	RFI	RMSEA
MODEL	3.917	0.936	0.951	0.927	0.951	0.904	0.072

表 6-28 显示，中介效应模型的拟合指数均达到统计学的要求，是较好的模型，表明少数民族初中生心理韧性个人力在社会支持和孤独感之间发挥着部分中介作用。

二、贵州少数民族初中生心理韧性支持力在社会支持与孤独感间的中介作用

既然少数民族初中生的社会支持与孤独感呈显著负相关，社会支持与心理韧性支持力呈显著正相关，心理韧性支持力与孤独感呈显著负相关，这说明在某种程度上社会支持、心理韧性支持力对孤独感存在某种作用机制。为了进一步探讨少数民族初中生孤独感与社会支持、心理韧性支持力的关系，采用复回归分析，结果见表 6-29。

表 6-29　社会支持、心理韧性支持力对少数民族初中生孤独感的预测分析

步骤	因变量	自变量	R^2	F	B	β 值	t	p
1	孤独感	社会支持	0.191	133.389***	-0.367	-0.437	-11.549	0.000
2	心理韧性支持力	社会支持	0.258	196.635***	0.324	0.508	14.023	0.000
3	孤独感	社会支持	0.233	85.793	-0.265	-0.316	-7.379	0.000
		心理韧性支持			-0.313	-0.239	-5.577	0.000

表 6-29 的结果表明，在第一步的回归分析中，以孤独感为因变量，社会支持为自变量，回归分析的 β 值有显著，第二步以心理韧性支持力为因变量，社会支持为自变量，回归分析中的 β 值也显著，第三步，以孤独感为因变量，社会支持和心理韧性支持力为自变量的 β 值也显著，并且解释率由 19.1%增加到了 23.3%。因此，少数民族初中生的社会支持可以直接对孤独感产生影响，也可以通过心理韧性支持力对孤独感产生影响。为

了更清楚地说明社会支持、心理韧性支持力和孤独感的关系，利用 AMOS 矩结构模型来考量三者的关系。将社会支持作为预测变量，孤独感作为结果变量，心理韧性支持力为中介变量构建模型，模型结构结果见图 6-12。

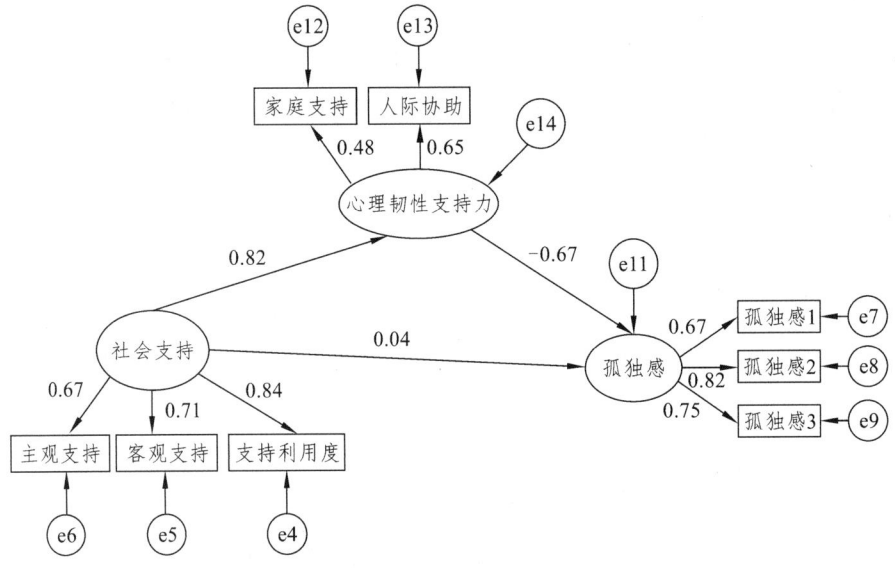

图 6-12　少数民族初中生心理韧性支持力在社会支持
与孤独感之间的中介效应模型

由图 6-12 的中介效应矩结构模型可知，在加入心理韧性支持力之后，少数民族初中生的社会支持未能显著预测孤独感，但少数民族初中生的社会支持能显著正向预测心理韧性支持力，心理韧性支持力也能显著负向预测孤独感，因此说明少数民族初中生心理韧性支持力在社会支持与孤独感之间的中介作用显著，该模型的拟合指数如表 6-30 所示。

表 6-30　少数民族初中生心理韧性支持力在社会支持
与孤独感间的中介模型拟合指数

	χ^2/df	NFI	IFI	TLI	CFI	RFI	RMSEA
MODEL	5.346	0.938	0.949	0.916	0.949	0.899	0.088

表 6-30 显示，中介效应模型的拟合指数均达到统计学的要求，是较好的模型，表明少数民族初中生心理韧性支持力在社会支持和孤独感之间发挥着完全中介作用。

第六节　少数民族初中生孤独感的状况及与心理韧性品质的关系讨论

一、少数民族初中生孤独感的现状讨论

调查显示，少数民族初中生的孤独感在性别和年级上不存在显著的差异。无论男生还是女生，少数民族初中生在与人的交往中，总会伴随着一些不良的情绪反应。对于有些少数民族初中生来说，与陌生人交往的第一步往往会很难跨越。

少数民族初中生愿意担任班干部的，一般来说比较有组织能力，性格也比较随和，能深得人心，因此班干部的这一职务会减轻少数民族初中生的孤独感。作为班干部的少数民族初中生平常与老师接触的机会也会比不担任班干部的少数民族初中生要多一些，老师的支持和同学的帮助都会降低他们的孤独感。

相比于学习成绩比较差的少数民族初中生，学习成绩比较好的少数民族初中生的孤独感比较弱。对老师和家长来说，初中生的学习成绩都是他们看重的一项重要内容。对于学习成绩好的少数民族初中生，老师和家长给予的关注和关怀也相对较多。因此学习成绩比较好的少数民族初中生，在面对不同情境的时候不会感觉到那么大的压力。

作为独生子女的少数民族初中生，虽然在家庭里受到宠溺，但也因为是独生子女，没有可以聊心事的兄弟姐妹，也没有最亲的兄弟姐妹可以依赖。非独生子女的少数民族初中生就恰好相反，虽然在家庭里面并非受着专宠，但是与其他兄弟姐妹的分享也会让他们感到快乐，因此非独生子女的少数民族初中生并不觉得孤独感很强。

家庭经济状况一般的少数民族初中生孤独感是最低的，也就是说家境经济状况太好和太差，孤独感都比较强。家庭经济状况太好会相对比较自负，自我感觉良好，因此不大招同学的喜欢和欢迎；家庭经济状况太差的，相对来说自尊心比较强，容易敏感，在人际交往中容易退缩，而家庭经济状况一般的少数民族初中生，在人际交往中比较适度，孤独

感也就比较低。

父母文化程度比较高的少数民族初中生孤独感相对较弱，少数民族初中生的父母文化程度比较高的话，采取的教养方式一般相对民主，父母与子女的沟通也会比较灵活，会愿意按照子女生长发育的客观规律来相处。

母亲外出的少数民族初中生孤独感最强烈，母亲外出打工对于少数民族初中生来说是不愿意接受但不得不面对的现实。少数民族初中生还处于非常需要关怀和照顾的关键年龄，母亲外出打工则不能照顾到他们的学习和生活，而父亲有时候会在这方面做得差些。少数民族初中生的母亲外出打工会让他们内心失去依赖感而产生孤独感。

少数民族初中生与父母关系越融洽，孤独感就越低。与父母关系融洽，说明少数民族初中生能够与父母自由地表达想法，父母对少数民族初中生也是比较宽容、积极。因此在这种关系下，少数民族初中生的孤独感也就低。

二、少数民族初中生心理韧性品质与孤独感的关系讨论

本研究结果得到少数民族初中生心理韧性品质各方面均与孤独感呈显著负相关，同时分析表明心理韧性品质也能显著负向预测少数民族初中生的孤独感。换言之，少数民族初中生的心理韧性品质越高其孤独感就越低，心理韧性品质越低其孤独感体验就越强烈，心理韧性品质是影响少数民族初中生孤独感状况的重要因素。这与以往研究的结论一致。罗小芳等（2014）研究也表明心理韧性个人力方面（目标专注、情绪控制、积极认知）能显著负向预测初中生的孤独程度，其中情绪控制对孤独感的预测力最高；心理韧性支持力方面（家庭支持、人际协助）也能显著负向预测初中生的孤独程度，其中人际协助对孤独感的预测力最高，心理韧性可能是影响初中生孤独感的重要因素。谷传华（2015）研究表明留守中学生的心理韧性直接影响孤独感，也可以通过积极应对方式间接影响孤独感。年晶、刘爱书（2009）研究得到在孤独程度上，心理韧性高忽视阳性组的儿童显著低于心理韧性低忽视阳性组的儿童，心理韧

性低忽视阴性组的儿童显著低于心理韧性低忽视阳性组的儿童,被忽视使儿童产生孤独感,心理韧性可能起到保护作用。王中会等(2014),董泽松、张大均(2013),刘洋、祖母拉提、葩俪泽(2014)的研究均表明青少年的心理韧性与孤独感存在密切联系,心理韧性可以显著负向预测其孤独感状况,心理韧性是孤独感的保护性因素。

第七章
贵州少数民族初中生自我效能感的状况及与心理韧性品质的关系研究

第一节 贵州少数民族初中生自我效能感的基本状况

一、贵州少数民族初中生自我效能感的总体情况

通过描述统计对贵州少数民族初中生自我效能感的总体情况及题平均得分进行分析,基本状况如表 7-1 所示。

表 7-1 贵州少数民族初中生自我效能感的基本状况

	Min	Max	平均值	标准差	题平均得分
自我效能感	10.00	49.00	30.32	6.12	3.32

表 7-1 表明,贵州少数民族初中生自我效能感的总体情况居于中等偏上水平。

根据贵州少数民族初中生自我效能感的总分绘制柱形分布图,结果如图 7-1 所示。

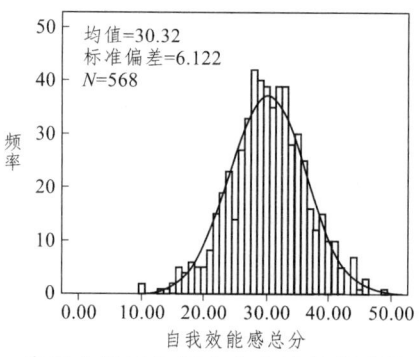

图 7-1 贵州少数民族初中生自我效能感的分布图

图 7-1 贵州少数民族初中生自我效能感的分布图表明，少数民族初中生自我效能感属于负偏态分布，大多数的少数民族初中生属于中等偏上水平的自我效能感。

二、贵州少数民族初中生自我效能感的性别差异分析

以自我效能感为因变量，性别为自变量对贵州少数民族初中生自我效能感进行独立样本 t 检验，结果如表 7-2 所示。

表 7-2 少数民族初中生自我效能感的性别差异

因变量	性别	N	均值	标准差	t	p
自我效能感	男	283	30.85	5.94	2.080	0.038
	女	285	29.79	6.27		

表 7-2 表明，贵州少数民族初中生自我效能感存在显著的性别差异，少数民族男初中生的自我效能感显著高于少数民族女初中生。

第二节 学校因素对贵州少数民族初中生自我效能感的影响分析

一、不同年级少数民族初中生的自我效能感差异分析

为了探讨不同年级少数民族初中生的自我效能感差异，以自我效能感为因变量，年级为自变量进行描述统计和单因素方差分析，结果如表 7-3 所示。

表 7-3 不同年级少数民族初中生自我效能感的单因素方差分析

因变量	年级	N	均值	标准差	极小值	极大值	F	p
自我效能感	七年级	148	30.28	6.48	10.00	49.00	0.846	0.430
	八年级	264	30.04	5.73	10.00	46.00		
	九年级	156	30.84	6.42	15.00	46.00		

表 7-3 的分析结果表明不同年级的少数民族初中生在自我效能感总体上不存在显著差异，不同年级的少数民族初中生的自我效能感总体上的变化不大，即不同年级对少数民族初中生的自我效能感总体影响较小。以不同年级的少数民族初中生的自我效能感平均值为纵轴，年级为横轴绘制均值图以观测不同年级少数民族初中生自我效能感的基本变化趋势，具体变化情况如图 7-2 所示。

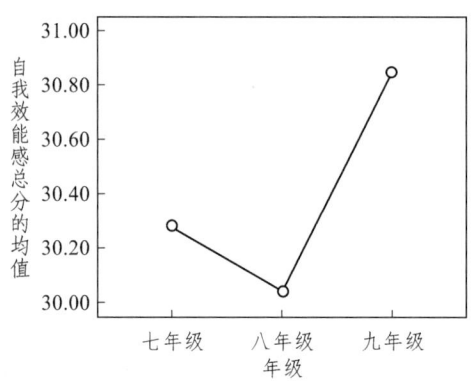

图 7-2　不同年级少数民族初中生自我效能感均值变化趋势图

由图 7-2 所示，少数民族初中生的自我效能感虽然在不同年级上不存在显著差异，但是变化趋势仍表现出，九年级的少数民族初中生其自我效能感最高，其次是七年级的少数民族初中生，而八年级的少数民族初中生其自我效能感最低。

二、是否担任班干部的少数民族初中生的自我效能感差异分析

以自我效能感为因变量，是否担任班干部为自变量对少数民族初中生自我效能感进行独立样本 t 检验，结果如表 7-4 所示。

表 7-4　少数民族初中生自我效能感在是否担任班干部上的差异分析

因变量	是否担任班干部	N	均值	标准差	t	p
自我效能感	未担任班干	343	30.15	5.90	−0.811	0.418
	班干	225	30.58	6.45		

表 7-4 表明，担任班干部和未担任班干部的少数民族初中生在自我效能感总分上不存在显著差异。

三、不同学习成绩水平的少数民族初中生的自我效能感差异分析

为了分析学习成绩水平对贵州少数民族初中生自我效能感的影响情况，以自我效能感总分为因变量，学习成绩水平为自变量进行描述统计和单因素方差分析，结果见表 7-5 所示。

表 7-5 不同学习成绩少数民族初中生的自我效能感的单因素方差分析

因变量	学习成绩	N	平均数	标准差	极大值	极小值	F	p
自我效能感	好	28	32.68	6.67	18.00	46.00	5.530	0.004
	中	472	30.45	5.97	10.00	49.00		
	差	68	28.43	6.52	16.00	46.00		

表 7-5 的分析结果表明不同学习成绩水平的少数民族初中生在自我效能感总体上存在显著的差异，不同学习成绩少数民族初中生的自我效能感表现出不一样的特点，并且不同学习成绩水平之间初中生的自我效能感总体上差异较大。以不同学习成绩学生的自我效能感总分平均值为纵轴，学习成绩水平为横轴绘制均值图以观测不同学习成绩水平少数民族初中生自我效能感总体的变化情况，不同学习成绩少数民族初中生的自我效能感变化趋势如图 7-3 所示。

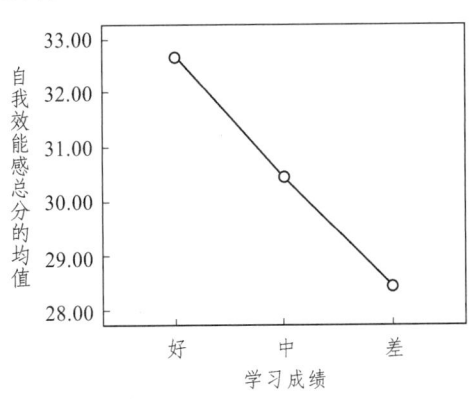

图 7-3 不同学习成绩少数民族初中生的自我效能感均值变化趋势图

图 7-3 得到各学习成绩水平初中生的学业自我效能感，成绩差的少数民族初中生自我效能感最低，而成绩好的少数民族初中生自我效能感最高，总体上表现出成绩越差少数民族初中生其自我效能感越低的变化趋势。为了具体了解不同学习成绩水平少数民族初中生在自我效能感总分上的具体差异情况，对各学习成绩水平少数民族初中生自我效能感进行多重事后检验，具体分析结果见表 7-6。

表 7-6 不同学习成绩少数民族初中生自我效能感的两两事后比较分析

因变量	（I）学习成绩	（J）学习成绩	均值差（I-J）	标准误	显著性
自我效能感	好	中	2.23	1.18	0.060
		差	4.25	1.36	0.002
	中	差	2.03	0.79	0.010

表 7-6 的多重事后检验表明，在自我效能感上，成绩较好的和成绩中等的少数民族初中生其自我效能感均要显著高于成绩差的少数民族初中生的自我效能感，说明在不同学习成绩水平的少数民族初中生当中，成绩差的少数民族初中生自我效能感是最低的，并且与成绩好的和成绩中等的少数民族初中生的自我效能感的差别还比较大。

四、不同学习压力下少数民族初中生自我效能感差异分析

以自我效能感为因变量，学习压力情况为自变量对少数民族初中生自我效能感进行描述统计和单因素方差分析。结果如表 7-7 所示。

表 7-7 少数民族初中生自我效能感的不同学习压力下差异

因变量	学习压力	N	均值	标准差	极小值	极大值	F	显著性
自我效能感	几乎没有压力	37	30.05	8.02	10.00	46.00	0.412	0.662
	压力较小	271	30.56	5.80	15.00	49.00		
	压力很大	260	30.10	6.16	13.00	44.00		

表 7-7 表明，不同学习压力的少数民族初中生在自我效能感上的差异不显著，也就是说不同学习压力水平之间的少数民族初中生其自我效能感的差异不大。以不同学习压力少数民族初中生的自我效能感总分平

均值为纵轴，学习压力水平为横轴绘制均值图以观测不同学习压力水平少数民族初中生自我效能感总体的变化情况，不同学习压力下少数民族初中生自我效能感变化趋势如图7-4所示。

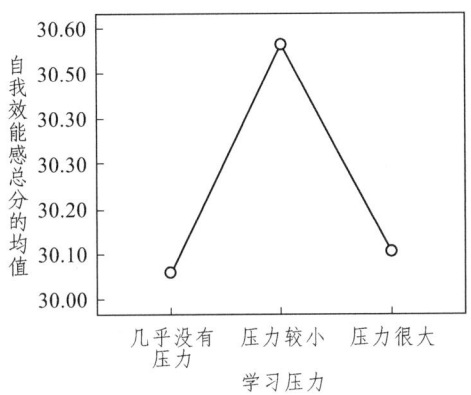

图 7-4 不同学习压力的少数民族初中生自我效能感均值变化趋势图

图7-4得到各学习压力下少数民族初中生的自我效能感，少数民族初中生的自我效能感在不同学习压力下未体现出显著差异，但是从均值变化趋势图来看，压力较小的少数民族初中生其自我效能感最高，而几乎没有学习压力和压力较大的少数民族初中生其自我效能感相对都较低。

第三节　家庭因素对少数民族初中生自我效能感的影响分析

一、是否独生子女少数民族初中生的自我效能感差异分析

以自我效能感为因变量，是否独生子女为自变量对贵州少数民族初中生的自我效能感进行独立样本 t 检验。结果如表7-8所示。

表 7-8 少数民族初中生自我效能感的是否独生子女差异

因变量	是否独生子女	N	均值	标准差	t	p
自我效能感	独生子女	44	31.32	7.59	1.126	0.261
	非独生子女	524	30.24	5.99		

表 7-8 表明,独生子女和非独生子女少数民族初中生在自我效能感上未显示出有显著的差异,但是独生子女少数民族初中生在自我效能感上的平均数比非独生子女少数民族初中生的平均数要高些。

二、少数民族初中生自我效能感的家庭居住地差异分析

以自我效能感为因变量,对分别来自城区、乡镇和乡村的少数民族初中生自我效能感进行描述统计和单因素方差分析,结果如表 7-9 所示。

表 7-9　少数民族初中生自我效能感的家庭居住地差异

因变量	家庭居住地	N	均值	标准差	极小值	极大值	F	p
自我效能感	城区	19	33.95	7.18	23.00	49.00	3.913	0.021
	乡镇	123	30.64	6.06	16.00	46.00		
	农村	426	30.06	6.05	10.00	46.00		

表 7-9 表明,来自不同家庭居住地的少数民族初中生在自我效能感上存在显著的差异,不同家庭居住地的少数民族初中生的自我效能感差异较大。以不同家庭居住地留守初中生的自我效能感总分平均值为纵轴,家庭居住地为横轴,绘制均值图以观测不同家庭居住地少数民族初中生自我效能感总体的变化情况,不同家庭居住地少数民族初中生的自我效能感变化趋势如图 7-5 所示。

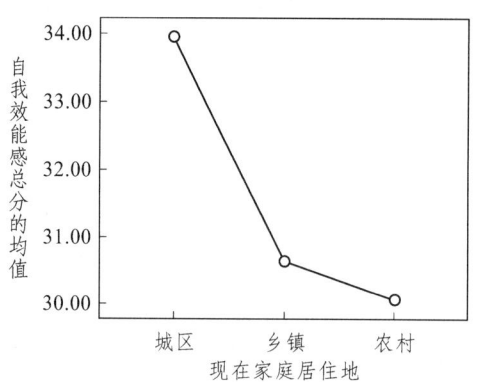

图 7-5　不同家庭居住地少数民族初中生自我效能感均值变化趋势图

图 7-5 得到不同家庭居住地少数民族初中生自我效能感的总体差异,

家庭居住地为城区的少数民族初中生自我效能感最高，家庭居住地为乡镇的少数民族初中生自我效能感居中，而家庭居住地为农村的少数民族初中生自我效能感最低。为了具体了解不同家庭居住地少数民族初中生在自我效能感上的具体差异情况，对各家庭居住地少数民族初中生自我效能感进行多重事后检验，具体分析结果见表7-10。

表7-10　不同家庭居住地少数民族初中生自我效能感的两两事后比较分析

因变量	（I）家庭居住地	（J）家庭居住地	均值差（I-J）	标准误	显著性
自我效能感	城区	乡镇	3.31	1.50	0.028
		农村	3.88	1.43	0.007
	乡镇	农村	0.58	0.62	0.355

表7-10的多重事后检验表明，在自我效能感上，家庭居住地为城区的少数民族初中生其自我效能感均显著高于家庭居住地为乡镇和农村的少数民族初中生的自我效能感。

三、不同家庭经济状况的少数民族初中生的自我效能感差异分析

为了深入了解家庭经济状况对少数民族初中生自我效能感的影响，以少数民族初中生的家庭经济状况为自变量，以自我效能感为因变量进行描述统计和单因素方差分析，结果如表7-11所示。

表7-11　不同家庭经济状况的少数民族初中生自我效能感的单因素方差分析

因变量	家庭经济状况	N	均值	标准差	极小值	极大值	F	p
自我效能感	较好	54	32.63	6.05	19.00	49.00	3.086	0.027
	一般	382	30.18	6.17	10.00	46.00		
	较差	106	29.92	5.92	13.00	46.00		
	贫穷	26	29.23	5.62	18.00	41.00		

表7-11的分析结果表明不同家庭经济状况的少数民族初中生在自我效能感上存在显著的差异，不同家庭经济状况少数民族初中生在自我效能感上的变化较大。以不同家庭经济状况少数民族初中生自我效能感平

均值为纵轴,家庭经济状况为横轴绘制均值图以观测不同家庭经济状况少数民族初中生自我效能感的基本变化趋势,具体变化情况如图 7-6 所示。

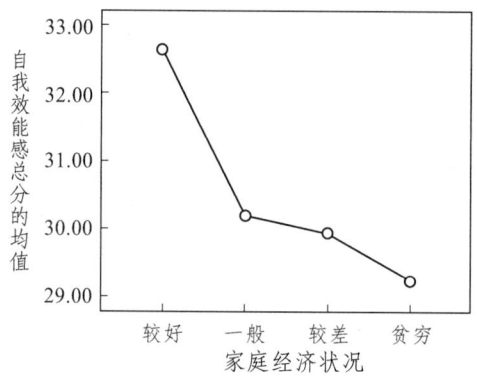

图 7-6　不同家庭经济状况少数民族初中生自我效能感均值变化趋势图

图 7-6 得到不同家庭经济状况的少数民族初中生的自我效能感,家庭经济状况贫穷的少数民族初中生自我效能感最低,而家庭经济状况较好的少数民族初中生自我效能感最高,家庭经济状况为一般和中等的少数民族初中生的自我效能感居中。为了具体了解不同家庭经济状况少数民族初中生在自我效能感上的具体差异情况,对不同家庭经济状况少数民族初中生的自我效能感进行多重事后检验,具体分析结果见表 7-12。

表 7-12　不同家庭经济状况少数民族初中生自我效能感的两两事后比较分析

因变量	(I)家庭经济状况	(J)家庭经济状况	均值差(I-J)	标准误	显著性
自我效能感	较好	一般	2.45	0.89	0.006
		较差	2.71	1.02	0.008
		贫穷	3.40	1.45	0.020
	一般	较差	0.25	0.67	0.705
		贫穷	0.95	1.23	0.443
	较差	贫穷	0.69	1.33	0.603

表 7-12 的多重事后检验表明,在自我效能感上,家庭经济状况较好的少数民族初中生其自我效能感显著高于家庭经济状况一般的、较差的和贫穷的少数民族初中生,在不同家庭经济状况的少数民族初中生当中,家庭经济状况较好的少数民族初中生自我效能感是最高的。

四、不同家庭氛围的少数民族初中生的自我效能感差异分析

为了深入分析家庭氛围对少数民族初中生自我效能感的影响情况，以自我效能感为因变量，家庭氛围为自变量进行描述统计和单因素方差分析，结果见表 7-13 所示。

表 7-13　不同家庭氛围的少数民族初中生自我效能感的单因素方差分析

因变量	家庭氛围	N	均值	标准差	极小值	极大值	F	P
自我效能感	非常融洽	215	31.34	6.42	13.00	46.00	4.972	0.007
	比较融洽	311	29.76	5.78	10.00	49.00		
	经常吵架	42	29.29	6.48	16.00	46.00		

表 7-13 的分析结果表明不同家庭氛围少数民族初中生在自我效能感上存在显著的差异，不同家庭氛围的少数民族初中生其自我效能感表现出不一样的特点。以不同家庭氛围少数民族初中生的自我效能感平均值为纵轴，家庭氛围为横轴绘制均值图以观测不同家庭氛围少数民族自我效能感的变化情况，具体的变化趋势如图 7-7 所示。

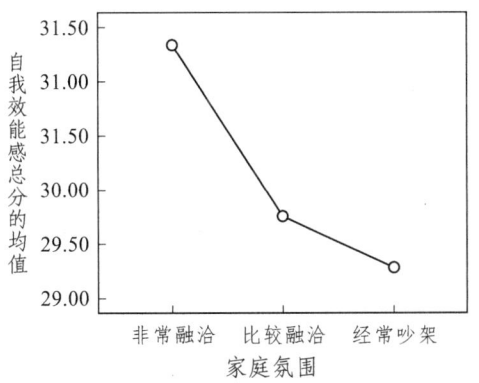

图 7-7　不同家庭氛围少数民族初中生自我效能感均值变化趋势图

图 7-7 得到在不同家庭氛围中成长起来的少数民族初中生自我效能感的变化趋势，随着家庭氛围由融洽变为糟糕，少数民族初中生的自我效能感也逐渐降低。家庭氛围非常融洽的少数民族初中生其自我效能感最高，家庭氛围比较融洽的少数民族初中生的自我效能感居中，而家庭氛围为经常吵架的少数民族初中生其自我效能感最低。为了具体了解不

同家庭氛围少数民族初中生在自我效能感上的具体差异情况，对不同家庭氛围少数民族初中生的自我效能感进行多重事后检验，具体分析结果见表 7-14。

表 7-14　不同家庭氛围少数民族初中生自我效能感的两两事后比较分析

因变量	（I）家庭气氛	（J）家庭气氛	均值差（I-J）	标准误	显著性
自我效能感	非常融洽	比较融洽	1.58	0.54	0.003
		经常吵架	2.05	1.03	0.046
	比较融洽	经常吵架	0.47	1.00	0.638

表 7-14 的多重事后检验表明，在自我效能感上，家庭氛围非常融洽的少数民族初中生其自我效能感显著高于家庭氛围比较融洽的和家庭氛围是经常吵架的少数民族初中生。在不同家庭氛围的少数民族初中生当中，家庭氛围非常融洽的少数民族初中生自我效能感是最高的。

五、父亲文化程度不同的少数民族初中生的自我效能感差异分析

为了深入分析父亲文化程度对少数民族初中生自我效能感的影响，以少数民族初中生自我效能感为因变量，父亲文化程度为自变量进行描述统计和单因素方差分析，结果见表 7-15 所示。

表 7-15　不同父亲文化程度少数民族初中生自我效能感的单因素方差分析

因变量	父亲文化程度	N	均值	标准差	极小值	极大值	F	p
自我效能感	未上过学	17	31.29	4.86	20.00	39.00	1.957	0.100
	小学	210	29.63	5.79	14.00	46.00		
	初中	254	30.49	6.20	10.00	46.00		
	高中	57	30.58	6.81	10.00	49.00		
	大专以上	30	32.67	6.59	18.00	44.00		

表 7-15 的分析结果表明父亲文化程度不同的少数民族初中生在自我效能感上不存在显著的差异，父亲文化程度不同的少数民族初中生在自我效能感上的变化不大，即父亲文化程度对少数民族初中生的自我效能

感影响不大。以父亲文化程度不同的少数民族初中生的自我效能感平均值为纵轴，父亲文化程度为横轴绘制均值图以观测父亲文化程度不同的少数民族初中生自我效能感的变化趋势，具体情况如图7-8所示。

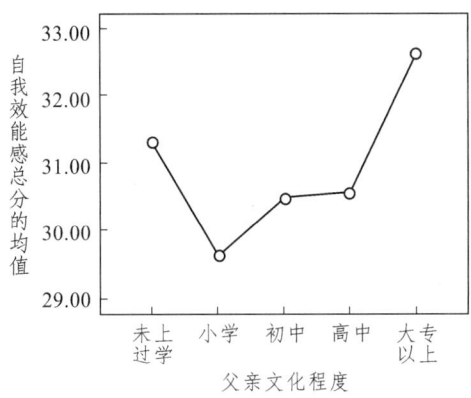

图7-8　父亲文化程度不同的少数民族初中生自我效能感均值变化趋势图

图7-8得到在父亲文化程度不同的少数民族初中生的自我效能感中，虽然父亲文化程度不同的少数民族初中生在自我效能感上不存在显著的差异，但是父亲文化为大专以上的少数民族初中生其自我效能感最高，而父亲文化程度为小学水平的少数民族初中生自我效能感最低。

六、母亲文化程度不同的少数民族初中生自我效能感差异分析

为了深入分析母亲文化程度对少数民族初中生自我效能感的影响情况，首先以自我效能感为因变量，母亲文化程度为自变量进行描述统计和单因素方差分析，结果见表7-16所示。

表7-16　母亲文化程度不同的少数民族初中生自我效能感的单因素方差分析

因变量	母亲文化程度	N	均值	标准差	极小值	极大值	F	p
自我效能感	未上过学	142	29.87	5.50	14.00	46.00	4.141	0.003
	小学	240	29.52	6.26	10.00	46.00		
	初中	152	31.63	6.21	10.00	46.00		
	高中	25	31.16	6.04	22.00	49.00		
	大专以上	9	34.33	6.32	24.00	44.00		

表 7-16 的分析结果表明母亲文化程度不同的少数民族初中生在自我效能感上存在显著的差异，母亲文化程度不同对少数民族初中生自我效能感影响较大。以母亲文化程度不同的少数民族初中生自我效能感平均值为纵轴，母亲文化程度为横轴绘制均值图以观测母亲文化程度不同的少数民族初中生自我效能感的变化趋势，如图 7-9 所示。

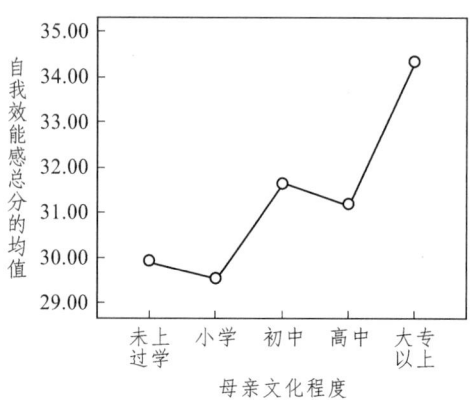

图 7-9　母亲文化程度不同的少数民族初中生自我效能感均值变化趋势图

图 7-9 所示，少数民族初中生的自我效能感在母亲文化程度不同上存在显著差异，并且变化趋势较大，具体的表现情况与父亲文化程度不同少数民族初中生自我效能感差异情况有不一致的地方。具体来看，母亲文化程度为大专以上的少数民族初中生自我效能感是最高的，而母亲文化程度为小学水平的少数民族初中生自我效能感是最低的。为了具体了解母亲文化程度不同的少数民族初中生在自我效能感上的具体差异情况，对母亲文化程度不同的少数民族初中生的自我效能感进行多重事后检验，具体分析结果见表 7-17。

表 7-17　母亲文化程度不同的少数民族初中生自我效能感的两两事后比较分析

因变量	（I）母亲文化程度	（J）母亲文化程度	均值差（I-J）	标准误	显著性
自我效能感	未上过学	小学	0.36	0.64	0.578
		初中	-1.76	0.71	0.013
		高中	-1.29	1.31	0.328
		大专以上	-4.46	2.08	0.033

续表

因变量	（I）母亲文化程度	（J）母亲文化程度	均值差（I-J）	标准误	显著性
自我效能感	小学	初中	-2.11	0.63	0.001
		高中	-1.64	1.27	0.197
		大专以上	-4.82	2.06	0.019
	初中	高中	0.47	1.31	0.718
		大专以上	-2.70	2.08	0.194
	高中	大专以上	-3.17	2.35	0.178

表 7-17 的多重事后检验表明，在自我效能感上，母亲文化程度为大专以上和初中的少数民族初中生其自我效能感显著高于母亲文化程度为从未上过学的和小学水平的少数民族初中生。

七、不同留守情况的少数民族初中生自我效能感差异分析

为了深入分析留守情况对少数民族初中生自我效能感的影响，首先分析留守初中生和非留守少数民族初中生在自我效能感上的差异情况。然后以留守初中生为统计分析对象，以留守初中生的留守类型为自变量，再以留守初中生的自我效能感为因变量进行方差检验。

（一）留守初中生与非留守初中生自我效能感的差异分析

以自我效能感为因变量，对留守初中生和非留守初中生进行独立样本 t 检验，结果如表 7-18 所示。

表 7-18　少数民族初中生自我效能感的是否留守差异

因变量	留守与非留守	N	均值	标准差	t	p
自我效能感	非留守	253	30.56	6.03	0.826	0.409
	留守	315	30.13	6.19		

表 7-18 表明，留守和非留守少数民族初中生在自我效能感上不存在显著差异，留守家庭因素并没有对少数民族初中生的自我效能感产生具体的较大的影响。

（二）不同留守类型少数民族初中生自我效能感的差异分析

为了深入了解留守情况对留守少数民族初中生自我效能感产生的具体影响，分析不同留守类型对留守少数民族初中生在自我效能感上的具体差异，以留守少数民族初中生的自我效能感为因变量，留守类型为自变量进行描述统计和单因素方差分析，结果见表7-19所示。

表7-19　不同留守类型少数民族初中生自我效能感的单因素方差分析

因变量	留守类型	N	均值	标准差	极小值	极大值	F	p
自我效能感	父亲外出	88	30.60	5.55	17.00	41.00	0.355	0.701
	母亲外出	35	29.89	5.78	15.00	44.00		
	均外出	192	29.96	6.55	10.00	49.00		

表7-19的分析结果表明不同留守类型的留守少数民族初中生在自我效能感上不存在显著的差异，也就是说，留守类型对留守少数民族初中生的自我效能感影响较小。以不同留守少数民族初中生的自我效能感平均值为纵轴，留守类型为横轴绘制均值图以观测不同留守类型留守少数民族初中生的自我效能感的变化趋势，如图7-10所示。

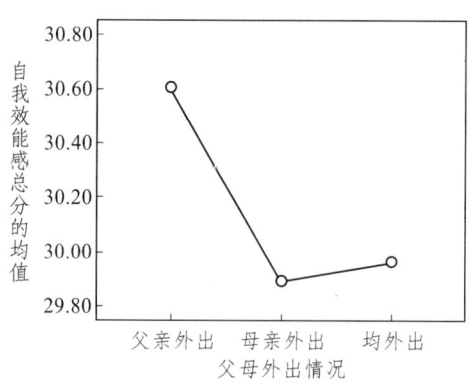

图7-10　不同留守类型的留守少数民族初中生自我效能感均值变化趋势图

由图7-10所示，留守少数民族初中生的自我效能感在不同留守类型上不存在显著差异，但是从均值变化趋势图来看，父亲外出的留守少数民族初中生其自我效能感是最高的。

八、与父亲关系状况不同的少数民族初中生自我效能感的差异分析

为了深入分析与父亲关系状况对少数民族初中生自我效能感的影响，以少数民族初中生自我效能感为因变量，与父亲关系为自变量进行描述统计和单因素方差分析，结果见表 7-20 所示。

表 7-20　与父亲关系状况不同的少数民族初中生自我效能感的单因素方差分析

因变量	与父亲关系	N	均值	标准差	极小值	极大值	F	P
自我效能感	关系紧张	41	28.95	7.28	10.00	43.00	4.727	0.009
	关系一般	220	29.59	5.24	10.00	44.00		
	关系融洽	307	31.03	6.46	13.00	49.00		

表 7-20 的分析结果表明与父亲关系状况不同的少数民族初中生在自我效能感上存在显著的差异，与父亲关系状况不同的少数民族初中生在自我效能感上的变化较大，即不同的与父亲关系状况对少数民族初中生的自我效能感影响较大。以不同的与父亲关系状况的少数民族初中生的自我效能感平均值为纵轴，与父亲关系状况为横轴绘制均值图以观测与父亲关系状况不同的少数民族初中生自我效能感的变化趋势，具体情况如图 7-11 所示。

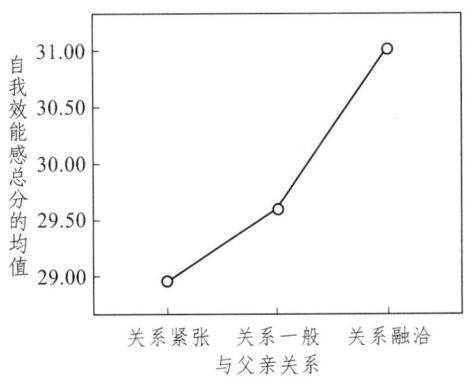

图 7-11　与父亲关系状况不同的少数民族初中生自我效能感均值变化趋势图

图 7-11 得到在与父亲关系状况不同的少数民族初中生的自我效能感中，与父亲关系紧张的少数民族初中生其自我效能感最低，与父亲关系

一般的少数民族初中生自我效能感居中，与父亲关系融洽的少数民族初中生自我效能感最高，也就是书说，与父亲关系越好，少数民族初中生的自我效能感就越高。为了具体了解不同的与父亲关系状况的少数民族初中生在自我效能感上的具体差异情况，对与父亲关系状况不同的少数民族初中生的自我效能感进行多重事后检验，具体分析结果见表 7-21。

表 7-21　与父亲关系状况不同的少数民族初中生自我效能感的两两事后比较分析

因变量	（I）与父亲关系	（J）与父亲关系	均值差（I-J）	标准误	显著性
自我效能感	关系紧张	关系一般	-0.64	1.03	0.540
	关系紧张	关系融洽	-2.08	1.01	0.040
	关系一般	关系融洽	-1.44	0.54	0.007

表 7-21 的多重事后检验表明，与父亲关系融洽的少数民族初中生其自我效能感要高于与父亲关系紧张和关系一般的少数民族初中生的自我效能感。

九、与母亲关系状况不同的少数民族初中生自我效能感的差异分析

为了深入分析与母亲关系状况不同对少数民族初中生自我效能感的影响，以少数民族初中生自我效能感为因变量，与母亲关系为自变量进行描述统计和单因素方差分析，结果见表 7-22 所示。

表 7-22　与母亲关系状况不同的少数民族初中生自我效能感的单因素方差分析

因变量	与母亲关系	N	均值	标准差	极小值	极大值	F	p
自我效能感	关系紧张	27	27.41	7.43	10.00	39.00	3.293	0.038
	关系一般	182	30.34	5.30	14.00	46.00		
	关系融洽	359	30.53	6.36	10.00	49.00		

表 7-22 的分析结果表明与母亲关系状况不同的少数民族初中生在自我效能感上存在显著的差异，与母亲关系状况不同的少数民族初中生在自我效能感上的变化较大，即不同的与母亲关系状况对少数民族初中生

的自我效能感影响较大。以不同的与母亲关系状况少数民族初中生的自我效能感平均值为纵轴,与母亲关系状况为横轴绘制均值图以观测与母亲关系状况不同的少数民族初中生自我效能感的变化趋势,具体情况如图 7-12 所示。

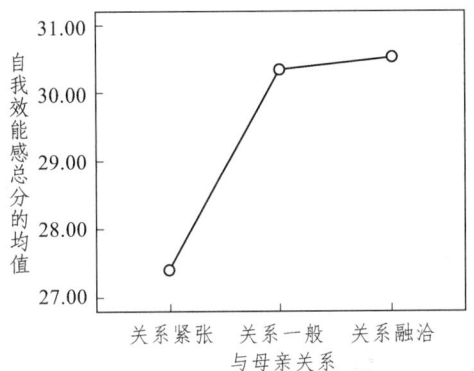

图 7-12　与母亲关系状况不同的少数民族初中生自我效能感均值变化趋势图

图 7-12 得到在与母亲关系不同的少数民族初中生的自我效能感中,与母亲关系紧张的少数民族初中生其自我效能感最低,与母亲关系一般的少数民族初中生自我效能感居中,与母亲关系融洽的少数民族初中生自我效能感最高,这个结果与少数民族初中生的自我效能感水平在与父亲关系状况上相一致。为了具体了解不同的与母亲关系状况的少数民族初中生在自我效能感上的具体差异情况,对与母亲关系不同的少数民族初中生的自我效能感进行多重事后检验,具体分析结果见表 7-23。

表 7-23　与母亲关系状况不同的少数民族初中生自我效能感的两两事后比较分析

因变量	(I)与母亲关系	(J)母亲关系	均值差(I-J)	标准误	显著性
自我效能感	关系紧张	关系一般	-2.93	1.26	0.020
		关系融洽	-3.12	1.22	0.011
	关系一般	关系融洽	-0.19	0.55	0.734

表 7-23 的多重事后检验表明,与母亲关系融洽和关系一般的少数民族初中生其自我效能感均要高于与母亲关系紧张的少数民族初中生的自我效能感。

第四节 贵州少数民族初中生心理韧性品质与自我效能感的关系分析

一、贵州少数民族初中生心理韧性品质与自我效能感的相关分析

贵州少数民族初中生心理韧性品质的目标定向、情绪控制、积极认知、家庭支持、人际协助、韧性个人力、韧性支持力及韧性品质总分与自我效能感水平的皮尔逊积差相关分析结果如表 7-24 所示。

表 7-24 贵州少数民族初中生心理韧性品质与自我效能感的相关分析

	目标专注	情绪控制	积极认知	家庭支持	人际协助	韧性个人力	韧性支持力	韧性品质	自我效能感
目标专注	1								
情绪控制	0.112**	1							
积极认知	0.400**	0.108*	1						
家庭支持	0.203**	0.226**	0.198**	1					
人际协助	0.175**	0.251**	0.056	0.310**	1				
韧性个人力	0.722**	0.654**	0.674**	0.308**	0.249**	1			
韧性支持力	0.230**	0.295**	0.144**	0.747**	0.864**	0.337**	1		
韧性品质	0.593**	0.588**	0.511**	0.635**	0.667**	0.832**	0.803**	1	
自我效能感	0.434**	0.128**	0.289**	0.121**	0.064	0.406**	0.109**	0.321**	1

表 7-24 表明，贵州少数民族初中生心理韧性品质各方面均与自我效能感水平呈显著正相关，相关系数在 0.109~0.434，目标关注与自我效能感的相关程度最高为 0.434，而自我效能感总分与心理韧性总分的相关

系数大小为 0.321，呈中等程度相关。

二、贵州少数民族初中生心理韧性品质对自我效能感的预测分析

为了进一步探讨贵州少数民族初中生自我效能感对其心理韧性品质的具体影响，以自我效能感水平为因变量，分别以心理韧性品质的目标专注、情绪控制、积极认知、家庭支持、人际协助、韧性个人力、韧性支持力及韧性品质总分为自变量，进行一元线性回归分析，结果如表 7-25 所示。

表 7-25　贵州少数民族初中生自我效能感对心理韧性品质的回归分析

因变量	预测变量	R	R^2	F	B	$Beta(\beta)$	t
自我效能感	目标专注	0.434	0.189	131.576***	0.709	0.434	11.471***
	情绪控制	0.128	0.016	9.411**	0.186	0.128	3.068**
	积极认知	0.289	0.084	51.695***	0.559	0.289	7.190***
	家庭支持	0.121	0.015	8.471**	0.198	0.121	2.910**
	人际协助	0.064	0.004	2.364	0.080	0.064	1.538
	韧性个人力	0.406	0.165	111.667***	0.327	0.406	10.567***
	韧性支持力	0.109	0.012	6.862**	0.095	0.109	2.620**
	心理韧性总分	0.321	0.103	65.212***	0.164	0.321	8.075***

表 7-25 表明除了人际协助外，贵州少数民族初中生心理韧性品质的其余四个方面：目标专注、情绪控制、积极认知和家庭支持均能显著正向预测自我效能感，变异解释率分别为 18.9%、1.6%、8.4%、1.5%，少数民族初中生目标专注对自我效能感的预测最有效。同时贵州少数民族初中生的心理韧性个人力、心理韧性支持力和心理韧性品质总分均能显著正向预测其自我效能感水平，变异解释率分别为 16.5%、1.2% 和 10.3%，心理韧性的个人力方面对自我效能感的预测水平较高。

第五节 贵州少数民族初中生心理韧性在社会支持与自我效能感间的中介作用

一、贵州少数民族初中生心理韧性个人力在社会支持与自我效能感间的中介作用

既然少数民族初中生的社会支持与自我效能感呈显著负相关,社会支持与心理韧性个人力呈显著正相关,心理韧性个人力与自我效能感呈显著正相关,这说明在某种程度上社会支持、心理韧性个人力对自我效能感存在某种作用机制。为了进一步探讨少数民族初中生自我效能感与社会支持、心理韧性个人力的关系,采用复回归分析,结果见表7-26。

表7-26 社会支持、心理韧性个人力对少数民族初中生自我效能感的预测分析

步骤	因变量	自变量	R^2	F	B	β值	t	p
1	自我效能感	社会支持	0.118	75.673***	0.190	0.343	-8.699	0.000
2	心理韧性个人力	社会支持	0.147	97.875***	0.263	0.384	-9.893	0.000
3	自我效能感	社会支持	0.206	73.310	0.121	0.220	5.418	0.000
		心理韧性个人力			0.259	0.321	7.948	0.000

表7-26的结果表明,在第一步的回归分析中,以自我效能感为因变量,社会支持为自变量,回归分析的β值有显著,第二步以心理韧性个人力为因变量,社会支持为自变量,回归分析中的β值也显著,第三步,以自我效能感为因变量,社会支持和心理韧性个人力为自变量的β值也显著,并且解释率由11.8%增加到了20.6%。因此,少数民族初中生社会支持可以直接对自我效能感产生影响,也可以通过心理韧性个人力对自我效能感产生影响。为了更清楚地说明社会支持、心理韧性个人力和自我效能感的关系,利用AMOS矩结构模型来考量三者的关系。自我效能感与孤独感一样都是单维量表,将孤独感的10个项目均按照3个、3个和4个项目的数量分成三个小组,这样自我效能感就有了相应的三组观测指标组。将社会支持作为预测变量,自我效能感作为结果变量,心理韧性

个人力为中介变量构建模型，模型结构结果见图 7-13。

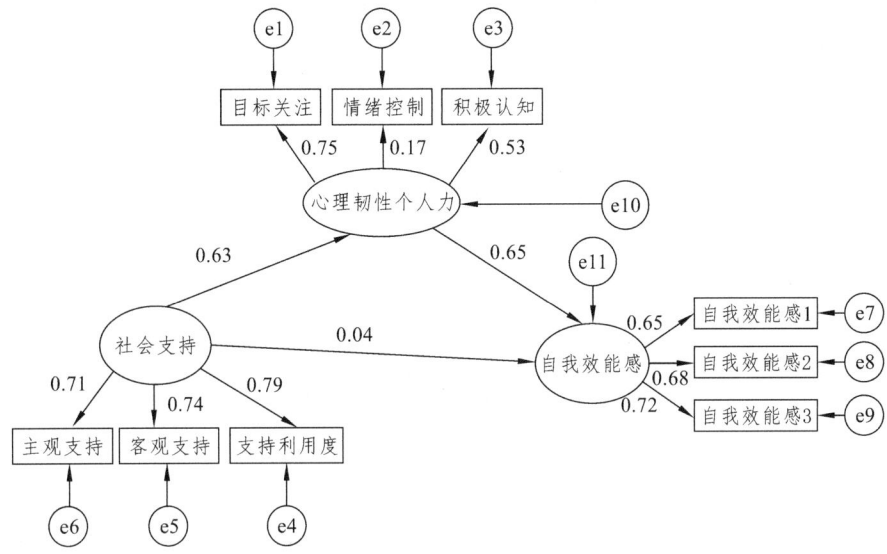

图 7-13 少数民族初中生心理韧性个人力在社会支持
与自我效能感之间的中介效应模型

由图 7-13 的中介效应矩结构模型可知,在加入心理韧性个人力之后,少数民族初中生的社会支持未能显著预测自我效能感,且少数民族初中生的社会支持能显著正向预测心理韧性个人力,心理韧性个人力也能显著正向预测自我效能感,因此说明少数民族初中生心理韧性个人力在社会支持与自我效能感之间的中介作用显著,该模型的拟合指数如表 7-27 所示。

表 7-27 少数民族初中生心理韧性个人力在社会支持
与自我效能感间的中介模型拟合指数

	χ^2/df	NFI	IFI	TLI	CFI	RFI	RMSEA
MODEL	2.763	0.948	0.966	0.949	0.966	0.923	0.056

表 7-27 显示,中介效应模型的拟合指数均达到统计学的要求,是较好的模型,表明少数民族初中生心理韧性个人力在社会支持和自我效能感之间发挥着完全中介作用。

二、贵州少数民族初中生心理韧性支持力在社会支持与自我效能感间的中介作用

既然少数民族初中生的社会支持与自我效能感呈显著正相关，社会支持与心理韧性支持力呈显著正相关，心理韧性支持力与自我效能感呈显著正相关，这说明在某种程度上社会支持、心理韧性支持力对自我效能感存在某种作用机制。为了进一步探讨少数民族初中生自我效能感与社会支持、心理韧性支持力的关系，采用复回归分析，结果见表7-28。

表7-28 社会支持、心理韧性支持力对少数民族初中生自我效能感的预测分析

步骤	因变量	自变量	R^2	F	B	β值	t	p
1	自我效能感	社会支持	0.118	75.673***	0.190	0.343	-8.699	0.000
2	心理韧性支持力	社会支持	0.258	196.635***	0.324	0.508	14.023	0.000
3	自我效能感	社会支持	0.124	39.845***	0.214	-0.388	8.483	0.000
		心理韧性支持力			-0.076	-0.087	-1.979	0.050

表7-28的结果表明，在第一步的回归分析中，以自我效能感为因变量，社会支持为自变量，回归分析的β值有显著，第二步以心理韧性支持力为因变量，社会支持为自变量，回归分析中的β值也显著，第三步，以自我效能感为因变量，社会支持和心理韧性支持力为自变量的β值也显著，并且解释率由11.8%增加到了12.4%。因此，少数民族初中生可以直接对自我效能感产生影响，也可以通过心理韧性支持力对自我效能感产生影响。为了更清楚地说明社会支持、心理韧性支持力和自我效能感的关系，利用AMOS矩结构模型来考量三者的关系。将社会支持作为预测变量，自我效能感作为结果变量，心理韧性支持力为中介变量构建模型，模型结构结果见图7-14。

由图7-14的中介效应矩结构模型可知，在加入心理韧性支持力之后，少数民族初中生的社会支持仍能显著预测自我效能感，但少数民族初中生的社会支持能显著正向预测心理韧性支持力，心理韧性支持力也能显著负向预测自我效能感，因此说明少数民族初中生心理韧性支持力在社会支

持与自我效能感之间的中介作用显著,该模型的拟合指数如表 7-29 所示。

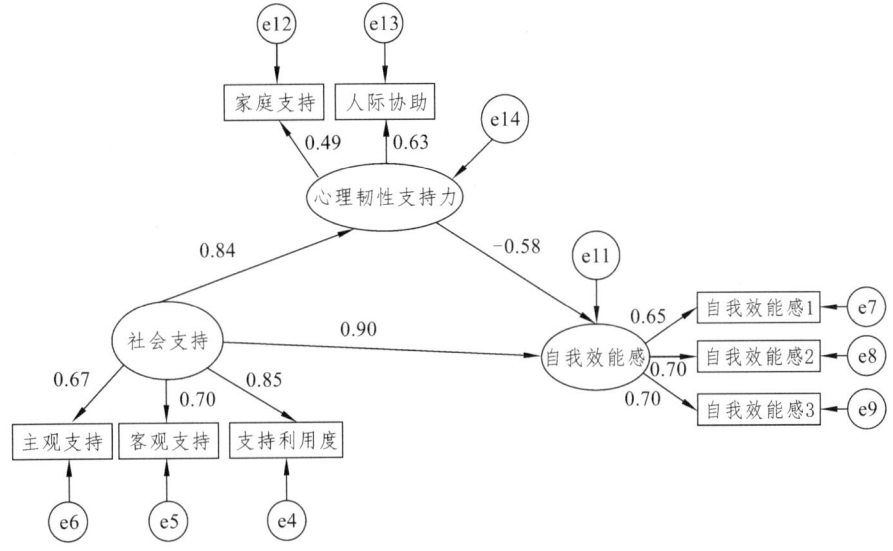

图 7-14　少数民族初中生心理韧性支持力在社会支持
与自我效能感之间的中介效应模型

表 7-29　少数民族初中生心理韧性支持力在社会支持
与孤独感间的中介效应模型拟合指数

	χ^2/df	NFI	IFI	TLI	CFI	RFI	RMSEA
MODEL	4.261	0.941	0.954	0.924	0.954	0.902	0.076

表 7-29 显示,中介效应模型的拟合指数均达到统计学的要求,是较好的模型,表明少数民族初中生心理韧性支持力在社会支持和自我效能感之间发挥着部分中介作用。

第六节　贵州少数民族初中生自我效能感的状况及与心理韧性品质的关系分析

一、贵州少数民族初中生自我效能感的现状分析

少数民族初中男生的自我效能感相比较于女生的自我效能感要高,

从传统的角度讲男生在力量上比较外显而在情感上比较内敛，他们一般通过自己的力量来认识自己的能力，尤其是面对一些有力的外在事件时相对比较相信自己，而女生相对来说比较温婉，她们在处理生活和学习上的问题时相对不大自信。因此少数民族初中女生的自我效能感相对要低一些。

少数民族初中生的学习成绩越好，他们的自我效能感就越高。少数民族初中生学习成绩比较好的话，在老师和家长面前相对有面子，得到的荣誉和奖励也相对于那些学习成绩一般和比较差的少数民族初中生要多，因此学习成绩好的少数民族初中生比较能肯定地评价自己，由学习成绩好带来的自信和自尊感让他们的自我效能感也相对比较高。

家庭经济状况越好的少数民族初中生，自我效能感也越高。家庭经济状况比较好的话，能够提供给少数民族初中生学习和生活上充裕的物质条件，甚至在一些特长兴趣方面有强有力的支持，这些资金的投入能够让他们发展自己的能力和特长，培养他们的高自我效能感。因此少数民族初中生家庭的经济状况好是他们自我效能感的一个有力保障。

家庭氛围的融洽有利于少数民族初中生的自我效能感。家庭氛围的融洽，家庭成员间的亲密和自由，都是少数民族初中生的一笔财富，给他们提供了交流沟通的平台，也有利于他们成长为自信积极的青少年，也就有了比较强的自我效能感。

母亲的文化程度会影响少数民族初中生自我效能感。母亲的文化程度高，少数民族初中生的自我效能感也会高些。母亲的文化程度在一定程度上决定了家庭温暖度、家庭和谐度，而且母亲的文化程度会决定母亲在某种程度上采取合理科学的方式对待少数民族初中生，这种方式无形当中鼓励了少数民族初中生践行自己感兴趣的想法。因此少数民族初中生的自我效能感在母亲文化程度上有差异。

与父母的关系会影响少数民族初中生的自我效能感。少数民族初中生与父母关系越好自我效能感就越高。少数民族初中生与父母关系好，在生活与学习中父母能够感受到子女的欢乐，也能理解子女的烦恼，这种分享快乐和宽慰理解能够给子女提供情感支持，有利于子女自立自强。因此与父母关系的和谐能够帮助少数民族初中生树立高的自我效能感。

二、贵州少数民族初中生心理韧性品质与自我效能感的关系讨论

调查发现少数民族初中生的心理韧性品质各方面均与自我效能感存在显著正相关，回归分析也表明自我效能感可以显著正向预测少数民族初中生的心理韧性品质。即少数民族初中生的自我效能感越高，其心理韧性品质就越高，自我效能感越低，其心理韧性品质就越低。自我效能感是少数民族初中生心理韧性品质的重要影响因素，心理韧性品质高的少数民族初中生，其在处理事情和解决问题的时候具有更高的自信水平，相信自己能顺利解决问题的时候更多。这与以往研究结果一致，谢玲平等（2014）研究得到留守初中生的心理韧性与自我效能感存在显著正相关关系，心理韧性能显著正向预测留守初中生的自我效能感，留守初中生心理韧性的个人力和支持力均在自我效能感与社会适应之间起中介作用。廖川英（2016）研究得到初中生心理韧性与学业自我效能感之间存在显著正相关。刘明兰和陈旭（2015）调查表明心理韧性在初中生自我效能感和拖延行为之间发挥完全中介作用。张峰、张永水、孙厚才（2016）研究得到农民工随迁子女的一般自我效能感、心理韧性、主观幸福感各维度之间存在显著正相关。张海芹（2011）调查得到自我效能感对农村留守学生的心理韧性发展有 26.4% 的正向预测作用。

第八章
少数民族初中生心理韧性品质的提高对策

从心理韧性因素-过程整合模型可知，个体因素与环境因素的交互作用影响个体的心理韧性品质形成与发展，这也支持了生态系统发展理论的观点。研究显示，家庭、学校与社会基本囊括了少数民族初中生所有的生活内容，所以，本研究将从家庭、学校与社会三个环境变量，结合个体因素，提出提升少数民族初中生心理韧性的对策。

一、创建优良的家庭环境

温馨和谐的家庭氛围、良好的安全依恋与对子女积极关注都可以正向培养少数民族初中生的心理韧性，帮助其韧性潜能的提升。父母对孩子的高亲密性与良好的家庭成员的情感表达有利于孩子信任感的培养，而这种对他人的信任与对自我的信任对其自我效能感、问题解决及社会交往能力的形成与提升具有正向意义。父母良好的养育方式可以满足子女安全、尊重、爱与归属等多种需求，培养目标控制能力与乐观特质，使得个体在遇到困境与痛苦时可以解决不良适应状况；而不良的养育方式则容易使个体形成人格障碍。少数民族初中生处于人生的叛逆期，与父母等家人发生冲突或矛盾的概率较大，此时的父母更应该懂得要与孩子真诚交流，有效沟通。可以告知子女自己遭遇困境时的应付方式，让子女可以借鉴父母处理压力性事件时成熟的处理方法，缓减内心矛盾，提升心理韧性。

家长应尽可能为少数民族初中生提供良好的家庭氛围。父母是孩子的第一任老师，父母的影响对孩子的成长至关重要。父母平时要经常和孩子谈心、打电话，要尽可能多地倾听孩子的声音，了解孩子的心理需要，从精神方面鼓励和安抚孩子；经常与学校老师沟通，了解孩子在校情况，以便及时为孩子存在的问题寻找解决办法；在遇到自己不能解决的问题时要学会向身边的人寻求帮助，让孩子体验到家的氛围。

二、营造积极向上的学校氛围

学校是少数民族初中生学习与生活的重要场所，学校环境对少数民族初中生良好心理品质与能力的形成具有不可忽视的作用，学校师生关系、同伴关系及学校的活动与规章制度等对少数民族初中生的心理韧性的形成与发展具有不可忽视的影响。因此，学校和教师应做到以下方面。

首先，中学教师本身应该具备有关心理韧性的相关知识与技能，通过自我学习与训练形成较高水平的心理韧性，给学生提供一个可以模仿与习得的榜样形象。

其次，学校可以开设专门的课程教授学生有关心理韧性的知识与技能，也可以将心理韧性知识理念渗透在日常教学工作中。如在一般课程可举例说明个人遭遇逆境与创伤的普遍性，这是成长过程的必然，也应学会在挫折中反思，在逆境中成长。可在班级活动中组织学生进行心理韧性的素质拓展训练、有关逆境的讨论或困境模拟，调动少数民族初中生的主动性与积极性，使他们在活动过程中获得合作沟通的技能，并进行实践反思。与此同时，教师应给与学生及时和积极的反馈，提醒学生可能存在的不合理行为与认知模式，鼓励学生从正向乐观的视角看待负性事件与重要他人的关系，促使少数民族初中生形成合理积极的信念，并学会引领自身的思维模式与行为方式，促进心理韧性各因子的协同发展。

再次，教师应学会区分一般心理问题与严重心理问题，针对少数民族初中生不同的心理状况采用不同的处理方式。可通过少数民族初中生心理韧性问卷普查了解少数民族初中生的心理韧性状况。对于有严重心理问题的个体，应及时采取各种心理咨询技术针对个体的具体情况进行个体咨询；对于一般心理问题的个体可将个体咨询与团体辅导的形式相结合，帮助个体挣脱问题泥淖，变成一个更有韧性的独立个体。研究型心理咨询模式的诞生源于个体咨询流派的总结与实践，可以运用于个体咨询，而且实践证明基于研究型心理咨询模式的团体心理辅导同样有助于个体心理资源的聚集和发展，可以运用于心理团体辅导，教师可根据需求灵活运用各种研究型心理咨询技术。如果发现个别少数民族初中生心理韧性的各成分均比较低，可对个体采用心理咨询模式；如果发现有部分少数民族初中生在某一成分上得分较低，可采用团体心理辅导模式，基于研究型心理咨询理论并着眼于这一维度编制团体辅导手册，开展心理韧性的团体辅导训练。学校也应该配备相关的设备与资源，共同帮助少数民族初中生走出人生的特殊敏感阶段。

最后，学校应该具备与家庭联合培养少数民族初中生心理韧性的意识。可以创设一些活动或项目，让少数民族初中生父母或重要他人与少数民族初中生一起参与，这不仅可以让父母与教师有更多的机会更全面了解少数民族初中生的心理与行为状况，还能更有针对性地帮助少数民族初中生提升心理韧性，对教师与父母本身的韧性也具有正向影响，注意鼓励少数民族初中生的优秀品质。

三、构建安全和谐的社会环境

研究表明，社会参与和安全感是青少年个体的保护性因子，部分少数民族初中生因为贫困、缺少关爱等原因而缺乏安全感，这更需要社会机构与国家机关的介入，需要国家制定相关的法律法规，为相应的少数民族初中生家庭提供经济支持与法律援助。国家相关政府部门也应联合学校与非营利组织机构建立个体教育、个体家庭服务、追踪调查等系列援助体系，帮助特殊少数民族初中生回归主流，为弱势少数民族初中生提供更好的发展空间，减少危险环境因素给少数民族初中生带来的不利影响。

四、加强自身素质，树立远大抱负

少数民族初中生要对自己有明晰的认识，对待生活学习要保持乐观积极的心态。积极主动与家长、老师、同学和朋友交流，意识到自己不孤单，有很多人在关注和关心自己。在学校努力学习的同时要积极主动配合老师的工作，多参加文体活动，培养自己广泛的兴趣爱好，注意全面均衡发展；生活中多与父母沟通，让他们参与到自己的身心发展历程中。同时还要树立远大的理想，对自己的未来充满信心，相信可以靠自己的努力收获美好的生活。

参考文献

[1] 王鑫强，张大均. 初中生生活满意度的发展趋势及心理韧性的影响：2 年追踪研究[J]. 心理发展与教育，2012（1）：91-98.

[2] 徐贤明，钱胜. 心理韧性对留守儿童品行问题倾向的保护作用机制[J]. 中国特殊教育，2012（3）：68-72.

[3] 席居哲，左志宏，桑标. 心理韧性儿童的社会能力自我觉知[J]. 心理学报，2011（9）：1026-1037.

[4] 胡月琴，甘怡群. 青少年心理韧性量表的编制和效度验证[J]. 心理学报，2008（8）：902-912.

[5] 刘慧. 留守儿童心理韧性与适应性相关研究[D].武汉：中南民族大学，2012.

[6] 徐欢欢，孙晓军，周宗奎，牛更枫，连帅磊. 社交网站中的真实自我表达与青少年孤独感：自我概念清晰性的中介作用[J]. 中国临床心理学杂志，2017（1）：138-141，137.

[7] 许颖，林丹华. 家庭压力与青少年抑郁、孤独感及幸福感——家庭弹性的补偿与调节作用[J]. 心理发展与教育，2015（5）：594-602.

[8] 张晓洲，陈福美，吴怡然，苑春永，王耘. 高中生友谊质量对学校孤独感的影响：自我概念的中介作用[J]. 中国临床心理学杂志，2015（1）：147-149，153.

[9] 杨巧芳. 青少年孤独感与情绪智力、亲子依恋的关系研究[D].重庆：西南大学，2013.

[10] 田录梅，陈光辉，王姝琼，等. 父母支持、友谊支持对早中期青少年孤独感和抑郁的影响[J]. 心理学报，2012（7）：944-956.

[11] 罗小芳，王强，齐娜娜. 初中生心理韧性与孤独感的关系[J]. 中国健康心理学杂志，2014（12）：1912-1915.

[12] 褚晓伟，范翠英，柴唤友，宋快. 初中生受欺负与社交焦虑：社会自我效能感的中介作用[J]. 中国临床心理学杂志，2016（6）：1051-1054.

[13] 徐双媛，孙崇勇，高春阳，李聪，王洪明. 初中生情绪调节自我效能感在学业负担态度与学校满意度间的中介作用[J]. 中国学校卫生，2016（8）：1247-1249.

[14] 陈秋珠. 初中生学业拖延与学业自我效能感关系研究[J]. 华东师范大学学报（教育科学版），2016（3）：100-106，123.

[15] 王韵博. 初中生一般自我效能感、情感与总体幸福感的关系研究[D]. 沈阳：沈阳师范大学，2016.

[16] 李鑫情. 高中生自我效能感、考试焦虑与英语学习成绩的相关性研究[D]. 延安：延安大学，2016.

[17] 胡炳政. 中学生考试焦虑与自尊、自我效能感及自我接纳的关系研究[J]. 教学与管理，2015（21）：44-46.

[18] 叶艳晖，李秋琼. 同伴关系自我效能感与青少年网络成瘾的关系[J]. 中国学校卫生，2015（3）：384-386，389.

[19] 谢玲平，王洪礼，邹维兴，张翔，何壮. 留守初中生自我效能感与社会适应的关系：心理韧性的中介作用[J]. 中国特殊教育，2014（7）：52-58.

[20] 沈永江，姜冬梅，石雷山. 初中生自我效能对学习投入影响的多层分析研究[J]. 中国临床心理学杂志，2014（2）：334-336，340.

[21] 杨颖，鲁小周，蔡林. 贵州农村留守初中生社会支持现状与对策[J]. 安顺学院学报，2016（3）：91-94.

[22] 牛玉坤. 逆商、社会支持与高中生学业成绩的关系[D]. 郑州：河南大学，2016.

[23] 陈雪婷，喻承甫，李钊颖. 初中生社会支持在感戴与自我和谐关系中的中介作用[J]. 教育测量与评价（理论版），2016（3）：44-50.

[24] 杨通华，魏杰，刘平，等. 留守儿童心理健康：人格特质与社会支

持的影响[J]. 中国健康心理学杂志, 2016 (2): 285-292.

[25] 管佩钰, 王宏, 郭靖, 陈佳旭, 袁保诚. 重庆市中学生心理亚健康状态与社会支持的相关性研究[J]. 现代预防医学, 2016 (2): 304-307, 365.

[26] 刘小群, 陈贵, 杨新华, 等. 社会支持在初中生受欺负与自杀意念间的调节作用[J]. 中国学校卫生, 2015 (9): 1410-1412.

[27] 漏蒙雅, 李亚, 邢海燕. 流动儿童社会支持状况及其影响因素研究[J]. 中国妇幼保健, 2015 (22): 3799-3801.

[28] 钟欣. 社会支持与青少年学业成绩的关系研究[D]. 长沙: 湖南师范大学, 2014.

[29] 陈迪. 初中生社会支持、自尊与主观幸福感的关系研究[D]. 大连: 辽宁师范大学, 2014.

[30] 郭雯婧, 边玉芳. 初二学生感知到的社会支持与学习成绩的关系: 学业自我概念的中介作用[J]. 心理科学, 2013 (3): 627-631.

[31] 高丙成, 刘儒德, 李航, 孙洋洋, 高钦. 初中生社会支持状况及与自我效能感、焦虑的关系[J]. 中国临床心理学杂志, 2011 (2): 237-239, 243.

[32] 谷传华. 农村留守中学生心理韧性与孤独感的关系: 人际信任和应对方式的中介作用[J]. 首都师范大学学报(社会科学版), 2015(2): 143-149.

[33] 罗小芳, 王强, 齐娜娜. 初中生心理韧性与孤独感的关系[J]. 中国健康心理学杂志, 2014 (12): 1912-1915.

[34] 刘洋, 祖母拉提, 葩俪泽. 喀什地区维吾尔族留守儿童心理弹性与孤独感关系[J]. 中国学校卫生, 2014 (9): 1397-1399.

[35] 王中会, Gening Jin, 蔺秀云. 流动儿童心理韧性对其抑郁、孤独的影响[J]. 中国特殊教育, 2014 (4): 54-59.

[36] 董泽松, 张大均. 少数民族地区留守儿童心理弹性与孤独感的关系[J]. 中国学校卫生, 2013 (7): 827-829.

[37] 年晶, 刘爱书. 儿童被忽视、心理韧性与孤独感的关系[J]. 中国临床心理学杂志, 2009 (6): 748-749, 752.

[38] 马文燕, 余洋. 农村留守中学生社会支持与心理韧性的关系: 自尊的中介效应[J]. 贵州师范学院学报, 2016 (9): 63-67.

[39] 苑杰, 庞静娟, 杨美荣, 等. 初中生心理韧性和应对方式、领悟到的社会支持的关系研究[J]. 实用预防医学, 2016 (3): 344-346.

[40] 宋潮, 麻超, 张怡萱. 新疆维吾尔自治区某校流动儿童应对倾向在心理韧性与社会支持关系中的中介作用[J]. 中国心理卫生杂志, 2016 (2): 127-132.

[41] 韩秋念, 廖全明. 流动儿童心理韧性及其心理社会影响因素研究[J]. 成都师范学院学报, 2015 (12): 73-76.

[42] 肖梦洁. 留守儿童社会支持、心理弹性、社会适应现状及其关系研究[D]. 桂林: 广西师范大学, 2015.

[43] 聂衍刚, 毛兰平, 王敏. 青少年人际和谐、社会支持与心理弹性的关系[J]. 宁波大学学报(教育科学版), 2015 (2): 1-5.

[44] 赵燕, 张翔, 杜建政, 郑雪. 流动儿童社会支持与抑郁及孤独的关系: 心理韧性的调节和中介效应[J]. 中国临床心理学杂志, 2014 (3): 512-516, 521.

[45] 宋广文, 骆风, 周方芳. 学优生、学困生社会支持、心理弹性与心理健康的关系研究[J]. 中国特殊教育, 2014 (3): 48-53.

[46] 金雪, 熊敏, 高敏. 中职生学业自我与学业韧性的关系[J]. 中国健康心理学杂志, 2016 (9): 1389-1392.

[47] 李娜. 青少年心理韧性量表在云南少数民族地区大学生中的适用性分析[J]. 中国教育技术装备, 2016 (13): 24, 27.

[48] 金雪. 少数民族中职生学业韧性与应对方式的关系研究[J]. 佳木斯职业学院学报, 2016 (4): 33-34.

[49] 袁方舟, 七十三, 王茳, 潘运. 初中少数民族留守青少年的韧性素质问题及对策研究[J]. 贵州民族研究, 2016 (3): 236-239.

[50] 潘运, 刘宇, 罗杰, 赵守盈. 苗族青少年韧性素质现状及其与社会支持的关系研究[J]. 中国特殊教育, 2016 (2): 86-91.

[51] 黄亚夫, 潘运, 赵守盈. 贵州少数民族青少年韧性素质发展研究[J]. 贵州民族研究, 2015 (12): 230-233.

[52] 吴兰兰，刘宇，潘运. 贵州少数民族初中生心理韧性与自我效能感的关系研究[J]. 贵州师范大学学报（自然科学版），2015（6）：42-46.

[53] 韩黎. 羌族文化认同与心理韧性[D]. 重庆：西南大学，2014.

[54] 潘运，赵守盈，罗杰. 少数民族青少年韧性素质量表的编制及信效度验证[J]. 教育研究与实验，2013（5）：90-96.

[55] 赵科，杨丽宏，孙丽婷. 景颇族、汉族初中生心理韧性与主观幸福感比较[J]. 保健医学研究与实践，2012（1）：24-28.

[56] 廖川英. 初中生心理韧性、学业自我效能感与学习倦怠的关系研究[D]. 乌鲁木齐：新疆师范大学，2016.

[57] 张峰，张永水，孙厚才. 农民工随迁子女一般自我效能感与主观幸福感的关系：心理韧性的中介作用[J]. 中国特殊教育，2016（2）：63-68.

[58] 赵燕. 留守儿童社会支持与心理健康的关系：心理韧性的中介效应[J]. 教育测量与评价（理论版），2015（12）：53-57.

[59] 刘明兰，陈旭. 初中生心理韧性在自我效能感与拖延行为之间的中介效应探究[J]. 现代中小学教育，2015（5）：70-73.

[60] 张丽霞. 初中生社会支持对心理韧性的影响：一般自我效能感的中介作用[D]. 济南：山东师范大学，2012.

[61] 张海芹. 农村留守学生心理韧性及其相关因素分析[J]. 中国学校卫生，2011（5）：613-614.

[62] 徐明津. 中学生心理韧性的测量、作用机制与干预研究[D]. 南宁：广西大学，2015.

[63] 戴晓阳. 常用心理评估量表手册[M]. 北京：人民军医出版社，2010.

附 录
贵州少数民族初中生
心理韧性品质状况调查问卷

亲爱的同学：

您好！首先感谢您参与我们的问卷调查。我们的调查旨在了解贵州少数民族初中生心理韧性品质与相关心理状态现状，您的回答只作为科研资料，不会作为他用。调查是匿名的，绝对不会泄露您的个人信息，请您放心作答。

1. 题目没有对错之分，请根据自己的实际情况作答即可。
2. 每道题不需要太多时间考虑，根据您的第一反应回答即可。
3. 请您先填写基本信息、阅读各部分说明，然后作答。

一、基本信息

填写方法：请填写您的基本信息，在选项上划"√"或在空白处填写答案。

1. 性别：（1）男　　　（2）女
2. 年龄（　　）
3. 年级：（1）七年级　　（2）八年级　　（3）九年级　　（4）高一（5）高二　　（6）高三
4. 民族：（1）汉族　　（2）苗族　　（3）布依族　　（4）侗族（5）彝族　　（6）水族　　（7）壮族　　（8）土家族　　（9）其他
5. 现在家庭居住地：（1）城区　　（2）乡镇　　（3）农村
6. 家庭经济状况：（1）富裕　　（2）较好　　（3）一般

（4）较差　　　（5）贫穷

7. 父亲文化程度：（1）没有上过学　　　（2）小学　　　（3）初中　（4）高中　　　（5）大专及以上

8. 母亲文化程度：（1）没有上过学　　　（2）小学　　　（3）初中　（4）高中　　　（5）大专及以上

9. 在家排行：（0）独生子女 ｜ 非独生子女中：（1）老大　（2）老二　　（3）老三　　　（4）老四及以后

10. 你在班上或学校担任什么职务：（1）没有　　　（2）班级小组长或课代表　　　（3）班干部　　　（4）校学生会干部

11. 你的学习成绩在班里属于：（1）优秀　　（2）中上　　（3）中等　（4）中下　（5）较差

12. 你和你父亲的关系：（1）关系紧张　　（2）关系一般　　（3）关系融洽

13. 你和你母亲的关系：（1）关系紧张　　（2）关系一般　　（3）关系融洽

14. 你感觉你的家庭气氛属于：（1）非常融洽　　（2）比较融洽　（3）经常吵架

15. 父亲对你学习的关心程度：（1）非常重视　　（2）重视　　（3）一般　　（4）从不过问

16. 母亲对你学习的关心程度：（1）非常重视　　（2）重视　　（3）一般　　（4）从不过问

17. 你感觉你在学校的学习压力属于（1）几乎没有压力　　（2）压力较小　　（3）压力很大

18. 父母外出情况：（1）父母均在家；（2）父亲外出务工或经商等（3）母亲外出务工或经商等（4）父母亲外出

二、正式调查

Ⅰ. 您对下面描述的内容持什么态度？请根据您实际情况做出评定，并在相应的数字上打"√"。标准为：1. 完全不符合；2. 不太符合；3.说不清；4.比较符合；5. 完全符合。在题后给出的五种答案中进行选择。

	题 目	完全不符合	不太符合	说不清	比较符合	完全符合
1	失败总是让我感到气馁	1	2	3	4	5
2	我很难控制自己的不愉快情绪	1	2	3	4	5
3	我的生活有明确的目标	1	2	3	4	5
4	经历挫折后我一般会更加成熟有经验	1	2	3	4	5
5	失败和挫折会让我怀疑自己的能力	1	2	3	4	5
6	当我遇到不愉快的事情时,总找不到合适的倾诉对象	1	2	3	4	5
7	我有一个同龄朋友,可以把我的困难讲给他/她听	1	2	3	4	5
8	父母很尊重我的意见	1	2	3	4	5
9	当我遇到困难需要帮助时,我不知道该去找谁	1	2	3	4	5
10	我觉得与结果相比,事情的过程更能够帮助人成长	1	2	3	4	5
11	面临困难,我一般会定一个计划和解决方案	1	2	3	4	5
12	我习惯把事情憋在心里而不是向人倾诉	1	2	3	4	5
13	我认为逆境对人有激励作用	1	2	3	4	5
14	逆境有时候是对成长的一种帮助	1	2	3	4	5
15	父母总是喜欢干涉我的想法	1	2	3	4	5
16	在家里,我说什么总是没人听	1	2	3	4	5
17	父母对我缺乏信心和精神上的支持	1	2	3	4	5
18	我有困难的时候会主动找别人倾诉	1	2	3	4	5
19	父母从来不苛责我	1	2	3	4	5

	题目					
20	面对困难时,我会集中自己的全部精力	1	2	3	4	5
21	我一般要过很久才能忘记不愉快的事情	1	2	3	4	5
22	父母总是鼓励我全力以赴	1	2	3	4	5
23	我能够很好地在短时间内调整情绪	1	2	3	4	5
24	我会为自己设定目标,以推动自己前进	1	2	3	4	5
25	我觉得任何事情都有其积极的一面	1	2	3	4	5
26	心情不好也不愿意跟别人说	1	2	3	4	5
27	我情绪波动很大,容易大起大落	1	2	3	4	5

Ⅱ. 请您仔细阅读每一个句子,然后根据自己的实际情况对每一个项目做出评定。请您在相应句子右边最适当的数字上划"√"。

	题目	完全不符合	不太符合	说不清	比较符合	完全符合
1	大多数同学都很关心我	1	2	3	4	5
2	面对两难的选择时,我会主动向他人寻求帮助	1	2	3	4	5
3	当有烦恼时,我会主动向家人、亲友倾诉	1	2	3	4	5
4	我经常能得到同学、朋友的照顾和支持	1	2	3	4	5
5	当遇到困难时,我经常会向家人、亲人寻求帮助	1	2	3	4	5
6	我周围有许多关系密切、可以给予我支持和帮助的人	1	2	3	4	5
7	在我遇到困难时,同学、朋友会出现在我身旁	1	2	3	4	5
8	在困难的时候,我可以依靠家人或亲友	1	2	3	4	5
9	我经常从同学、朋友那里获得情感上的帮助和支持	1	2	3	4	5

	题目					
10	我经常能得到家人、亲友的照顾和支持	1	2	3	4	5
11	需要时,我可以从家人、亲友那里得到经济支持	1	2	3	4	5
12	当遇到麻烦时,我通常会主动寻求别人的相助	1	2	3	4	5
13	当我生病时,总能得到家人、亲友的照顾	1	2	3	4	5
14	当有烦恼时,我会主动向同学、朋友倾诉	1	2	3	4	5
15	在我遇到问题时,家人、亲友会出现在我身旁	1	2	3	4	5
16	我经常从家人、亲友那里获得情感上的帮助和支持	1	2	3	4	5
17	遇到困难时,我经常会向同学、朋友寻求帮助	1	2	3	4	5

Ⅲ.本部分想了解的具体想法,请根据您自己的真实感受,在相应项上打"√"。

	题目	完全不符合	不太符合	说不清	比较符合	完全符合
1	如果我尽力去做的话,我总是能够解决问题的	1	2	3	4	5
2	即使别人反对我,我仍有办法取得我所要的	1	2	3	4	5
3	对我来说,坚持理想和达成目标是轻而易举的	1	2	3	4	5
4	我自信能有效地应付任何突如其来的事情	1	2	3	4	5
5	以我的才智,我定能应付意料之外的情况	1	2	3	4	5
6	如果我付出必要的努力,我一定能解决大多数的难题	1	2	3	4	5
7	我能冷静地面对困难,因为我信赖自己处理问题的能力	1	2	3	4	5
8	面对一个难题时,我通常能找到几个解决方法	1	2	3	4	5

9	有麻烦的时候，我通常能想到一些应付的方法	1	2	3	4	5
10	无论什么事在我身上发生，我都能应付自如	1	2	3	4	5

Ⅳ. 请根据自己的真实感受选出相应的数字，把所选的数字打"√"。每道题只选一个数字。

	题 目	从来都未如此	一般没有	中等程度	多数如此	一直如此
1	在学校里交新朋友对我来说很容易	1	2	3	4	5
2	没有人跟我说话	1	2	3	4	5
3	我跟别的孩子一块时干得很好	1	2	3	4	5
4	我很难交朋友	1	2	3	4	5
5	我有许多朋友	1	2	3	4	5
6	我感到寂寞	1	2	3	4	5
7	需要时我可以找到朋友	1	2	3	4	5
8	很难让别的孩子喜欢我	1	2	3	4	5
9	没有人跟我一块玩	1	2	3	4	5
10	我能跟别的孩子相处得好	1	2	3	4	5
11	我觉得在有些活动中，我受到冷落	1	2	3	4	5
12	需要帮助时，我无人可找	1	2	3	4	5
13	我不能跟别的小朋友相处	1	2	3	4	5
14	我感到孤独	1	2	3	4	5
15	班上的同学很喜欢我	1	2	3	4	5
16	我没有任何朋友	1	2	3	4	5